초보자를 위한
번역의 7단계 이론

지정숙

1948. 1. 6. 서울 출생
이화여자대학교, 대학원 졸업
미국 Harvard 대학 불문과 수강
프랑스 소르본느 대학(Paris III) 박사과정 수료
중앙대학교 대학원 강사
동덕여자대학교 강사, 교수
국제 Pen 클럽 회원
국제번역가연맹(F.I.T. UNESCO) 한국지부이사
문화부 산하 최초 한국번역연구원 창설, 초대원장
한국번역원 원장
서울국제문화클럽 회장
부경대학교 월해재단 이사

• 번역서:『레제오르지끄』,『나의 사랑 프랑스와』,『자기 앞의 생』,『밤열차』,『나의 어머니께 보내는 마지막 편지』,『아무 말도 하지 않았던 어떤 여인』,『천국의 연인들』,『프랑스 단편소설』 등 다수
• 저　서:『번역의 기초이론』

초보자를 위한 번역의 7단계 이론

발행일 • 2013년 8월 30일
지은이 • 지정숙
발행인 • 이성모/발행처 • 도서출판 동인/등록 • 제1-1599호
주소 • 서울시 종로구 명륜2가 아남주상복합아파트 118호
TEL • (02) 765-7145, 55/FAX • (02) 765-7165
E-mail • dongin60@chol.com/Homepage • donginbook.co.kr

ISBN 978-89-5506-546-6
정가 10,000원

※ 잘못 만들어진 책은 교환해드립니다.

초보자를 위한

번역의 7단계 이론

| 지정숙 지음 |

도서출판 ┃동인

세계가 이제 하나의 지구촌이 되고 있는 요즈음 전자매체의
발달과 함께 세계 여러 나라들이 시시각각으로 상호 정보교환과 문화
교류를 꾀하고 있다. 따라서 그 매개수단은 자연히 번역 활동이 되고
있다.

한편 올바른 정보와 문화 흡수를 위해서는 정확한 번역이어야
정확한 지식을 얻을 수 있다고 하겠다. 하지만 우리나라에는 번역문
화에 대한 인식이 부족하여 아직 아무런 연구기관이나 교육시설이 없
는 불모지의 현황이다. 때문에 번역의 수요는 갈수록 증가하고 있는
오늘날 전문 번역가 지망생과 올바른 번역이 시대적인 요구가 되고
있다.

그래서 본인은 그동안 번역 일에 종사해오면서 틈틈이 모은 자료를 모아 번역 일을 하는 사람에게 도움이 될 수 있도록 한 권의 책으로 묶어보았다. 그리고 번역학이 전혀 알려지지 않은 우리나라에서 번역가 지망생들이 처음에 접하기 쉽도록 기초이론을 중심으로, 되도록 쉽게 초보자를 위한 책이 되도록 노력했다.

　　특히 세계적으로 널리 인정받고 있는 번역 작업의 7단계 이론을 중심으로 기술했는데, 번역 일을 하고 싶은 사람들에게 조금이라도 도움이 된다면 더없는 기쁨이 되겠다.

2013. 봄

한국번역연구원 원장

지 정 숙

차 례

01

번역이란
무엇인가

오늘날 지구촌 시대에 살고 있는 우리는 첨단 전자매체의 발달로 매일 같이 세계 여러 나라의 수많은 문명과 서로 다른 문화의 삶을 직접 체험하고 있다. 따라서 지구촌의 세계 모든 인류는 서로 보다 더 많은 문화와 정보를 교류하며 보다 나은 삶을 추구하고 있다. 그리하여 이러한 문화의 접변 속에서 우리는 각 방면의 다양한 정보를 시시각각 교류하고 있는 것이 현실이다. 그리고 이러한 국제 교류의 1차적 단계가 정보전달의 번역활동이 되고 있는 것을 알 수 있다.

  이태리의 르네상스 시대는 그리스 등 많은 외국문물의 수입을 과감히 수용했었고 일본 개화기의 시발인 명치유신 시대는 개방과 함께 외국문물 수입을 위해, 국가 시책으로 번역활성화를 위한 모든 번역기구와 기관을 일찍이 설립하여 활발한 외국 문물 교류를 이루어 지금의 일본 발전을 가져왔다. 그리고 또한, 근대 유럽 국가들의 형성도 역시 번역을 통한 활발한 문화수입에 의한 것이었다.

이처럼 세계문화사적으로 볼 때 번역은 문명의 원동력이었음을 알 수 있는데, 국력이 왕성해져 지적 관심이 앙양되면서 외국과의 교류의 필요성과 함께 번역활동이 외국 문화를 흡수·동화하여 자기 나라의 문화를 풍요케 했으며, 국어의 어휘와 표현능력·표현영역을 확대시켜 주기도 했다. 한마디로 말해서 번역은 국가발전의 원동력이라 할 수 있는 것이다.

그러면 이제 우리는 번역의 이론을 논하기 전에 우선 번역이란 무엇인가라는 개념부터 분명히 익혀야 할 필요가 있다.

흔히 우리나라에서는 번역은 외국어를 조금 아는 사람이 사전을 들고 외국 말을 우리말 사전에서 찾아서 옮겨놓는 일이라고 생각한다. 그러나 거기에부터 번역의 오류가 생겨나는 것이라고 할 수 있다. 그리고 특히 우리나라의 번역 오류의 큰 이유 중의 하나는 일본의 식민지 지배시대로 인해 거의 모든 외국어의 번역이 일본어를 통한 중역이었기 때문이다. 그 결과, 우리나라의 번역은 더욱 더 혼란이 일어나게 되었다.

그러나 이러한 상황에서도 우리나라는 아직 번역을 위한 기관이나 단체나 교육기관이 하나도 없는 번역 불모지의 실정이다. 반면에 외국에서는 번역을 매우 중요시 할 뿐만 아니라 학문으로 규정하여 실제로 학문적으로 열심히 연구하고 있다. 그리고 UNESCO, 즉 세계교육과학문화 협력기구에서는 각 기구들의 중요성에 따라 A, B, C

의 등급으로 기구들을 나누고 있는데 세계 번역가 연맹F.I.T.: Federation Internationale des Traducteurs을 제1등급인 A에 두고 있다. 이것은 우리나라에 잘 알려져 있는 PEN CLUB이 국제작가 연맹으로 B등급에 있을 때에 이미 국제기구에서는 위와 같이 번역에 더 중요성을 부여하고 있었음을 알 수가 있다. 그리하여 세계번역가연맹F.I.T.에서는 국제회의 등을 통해 활발한 연구 활동을 하고 있다. 이와 같이 그 중요성이 강조되고 있는 번역활동은 실제로 그 작업에 있어 무거운 책임이 따르는 어려운 작업이다.

그러므로 우선 번역자들이 번역에 임하기에 앞서 필히 번역이란 무엇인가, 혹은 번역이란 작업은 어떤 작업인가 하는 것을 분명하게 인식하는 것이야 말로 올바른 번역을 위한 첫 단계일 것이다. 그리고 번역에 대한 올바른 인식을 위해서는 우선 번역학과 번역학의 세계적인 동향에 대해서 간단히 언급을 하는 것도 의미가 있을 것이다.

번역학이 우리나라에는 없는 학문이지만 세계적으로는 실제로 여러 나라에서 깊고 폭넓게 많은 연구를 하고 있다. 번역학은 프랑스 말로 "Traductologie"라고 하는데 이는 번역작업에 대한 것으로, 실례를 근거로 이론을 정립하여 체계화하며 각 언어권에서 발생되는 번역의 기술적인 문제들을 연구하여 보다 나은 번역을 위해 그 방법론을 제시하는 학문이다.

번역학 연구의 세계적인 분포도를 보면 유럽이 가장 발전되어 있다고 볼 수 있는데 물론 여기에는 동유럽도 포함된다. 공산국가들은 그동안 문화예술을 국가 정책의 하나로 중시하고 집중적으로 발달시켜 왔으므로 번역학이 크게 발전되어 있다. 그 다음으로는 퀘백

Quebec을 중심으로 캐나다와 일본이 번역학이 많이 발전되어 있는데, 특히 일본은 일찍이 번역을 국가 시책으로 삼아 번역센터를 국가 기관으로 설립하여 번역가들을 양성하고 학자들로 하여금 번역에 대한 연구를 집중적으로 하게 하여 번역의 질을 향상시켜 왔다. 그러는 한편 번역을 연구하는 사설 연구소와 학원들도 많이 생겨났다. 그 결과, 오늘날 일본의 번역은 세계 최고의 수준까지 와 있으며 그와 동시에 세계의 모든 문화와 정보가 나오는 즉시, 일본에서도 번역이 되어 나오고 있다. 일본에서 노벨 문학상을 두 번이나 수상하게 된 것도 번역이 잘 된 것이 중요한 이유로서 심지어는 원작보다 번역본이 더 훌륭했기 때문이라는 이야기가 나올 정도로 일본의 번역 수준과 작가를 위시한 일본 국민들의 번역에 대한 의식 수준은 아주 높은 편이다.

그밖에 러시아도 번역학이 많이 발달되어 있고, 아프리카 등도 번역을 위한 기관들이 있고 대학에 번역학과들이 있다. 이를 보면 위의 모든 나라들은 번역학교, 번역센터, 번역학원 등 번역을 연구하고 번역가 양성을 위한 기구와 제도들이 있어 번역의 발전을 도모하고 있으나 우리나라는 일반인들이 아직 번역학이란 것이 존재하는지의 여부도 모르고 있는 실정으로 번역을 연구하고 번역가 양성을 위한 기구와 제도는 전무한 현실이다. 때문에 번역가 지망생들이 전문번역가가 되기 위한 갈 길을 못 찾고 있는 상황이다.

우리나라에서도 이제는 조금씩 번역을 위한 기구가 생겨야 한다는 인식을 하고는 있으나 아직은 특별한 대책이 하나도 마련되지 못하고 있다. 이런 상황에서 우리나라의 번역가들은 우선 번역이란 무엇인가, 또 번역작업이란 어떤 것인가 하는 것에 대한 구체적인 개념부터 익혀야만 올바른 번역의 길로 갈 수 있을 것이다. 그래서 필자는 그 개념들을 설명하는데 있어서 편의상 번역학의 학술적 용어를 번역 초보자를 위해 보다 쉽게 이해하도록 풀이해서 기술할까 한다.

우선 번역이란 한 나라의 말로 표현된 문장의 뜻을 다른 나라 말로 옮기는 작업을 말한다. 즉 외국어의 문장을 다른 외국어로 뜻이 통하도록 전달해 주는 작업이다.

그러므로 번역이란, 한 외국어 문장을 다른 외국어 문장으로 옮길 때 그 문장 전체의 뜻을 옮겨 주는 작업이지 단어 그 자체의 뜻을 옮기는 작업이 아니다. 다시 말해서, 번역 작업이란 한 외국어의 문장을 다른 외국어로 단어 그 자체를 옮겨 적는 것이 아니라 그 문장의 뜻을 다른 외국어의 표현으로 옮기는 작업인 것으로, 글자를 옮기는 작업이 아니라 그 문장의 메시지를 전달해 주는 작업인 것이다. 예를 들어서 어떤 외국어 문장을 한국어 문장으로 번역할 경우 번역가는 그 외국어 문장의 단어를 우리말 사전에서 찾아서 그대로 옮겨 주는 것이 아니라 그 문장 전체의 뜻을 먼저 이해하고 그 다음에 그 뜻의 우리말 표현을 찾아서 써주어서 읽는 사람으로 하여금 그 뜻이 무슨 뜻인지를 정확하게 이해하도록 해줘야 하는 것이다. 그러므로 번역가는 2가지의 뜻을 항상 고려해야 한다. 문장의 뜻과 글 전체의 뜻이 그것이다. 다시 말해서 문장의 뜻이 글 전체의 뜻과 연관되는 것을 의미하는 것이다. 그 두 가지의 뜻이 서로 통해야만 완전한 메시지의 전달이 되는 것이라 하겠다. 따라서 번역가는 항상 외국어 문장의 뜻을 우리말 표현으로 다시 풀어 써 준다는 생각을 갖고 번역 작업을 해야 할 것이다. 이 때문에 번역학자들이 번역 작업을 재창조의 작업이

라고 이야기하기도 하고 혹은 필자와의 공동작업Cooperation이라고도
하는 것이다.

02

번역의 역사

번역은 세계적으로 시대에 따라 각 나라가 발전하면서 문물 교류의 요구와 함께 발전되어 왔다고 할 수 있다. 르네상스 시대에는 인쇄기의 발명과 더불어 번역이 꽃피게 되었고, 이는 유럽 대륙의 여러 나라의 발전에 결정적인 영향을 끼쳐서 결국 근대 유럽을 이루게 하였다. 구체적인 예를 들어 보면, 1611년 출간된 흠정영역성서The Authorized Version는 셰익스피어의 영어와 더불어 근대영어Modern English, 1500년 이후의 영어를 형성하는데 결정적인 영향을 끼쳤다. 그리고 셰익스피어를 정점으로 하는 영국의 르네상스도 그 당시 그리스와 로마의 고전 문학이 번역되어 영국으로 흘러들어옴으로 인해 영국이 본격적으로 개화되었다고 할 수 있는 것이다.

또 다른 예로, 20세기에 이르러서 가장 눈부신 국가 발전을 이룩했다고 볼 수 있는 일본은 이미 알려진 바와 같이 번역 왕국이다. 명치시대1868~1912에 번역이 본격적으로 시작되어 그 이후 대정시대를 거치고 소화시대1926~ 인 지금에 이르기까지 일본의 번역은 세계 제일이라고 할 수 있다. 결국 오늘의 일본이 있게 한 핵심적인 원동력은 번역에 있었던 것이다.

번역은 역사적으로 볼 때 르네상스 시대의 인쇄기 발명과 함께 활기를 띄게 되었고 20세기에 이르러서는 페이퍼백 혁명으로 더욱 활기를 띄게 되었으며, 지금은 정보미디어의 꽃인 TV에서 외국뉴스 인터뷰, 영화, 다큐멘터리, 문학 작품들이 신속하게 번역되어 대중에게 전달되고 있는 상황이어서 더욱 중요성을 띄게 되었다. 그리하여 각각의 시대에 번역가들이 근본적으로 기여한 부분을 볼 때 번역가들은 다음과 같은 역할을 했다고 볼 수가 있다.

1 알파벳, 즉 문자의 발명자

번역가들은 다른 나라의 말을 자기 나라 말로 옮기는 과정에서 모국어에는 없는 외국어를 번역해야 하므로 어쩔 수 없이 자연스럽게 말, 즉 문자를 창조해 낼 수밖에 없다.

그러므로 번역가들은 그러한 문자의 창조를 통해서 모국어의 어휘와 표현능력, 표현영역 등을 확대시켜 주는 역할을 한다.

2 모국어의 건설자

위에서도 언급한 바와 같이 번역가들은 외국어를 모국어로 번역하는 과정에서 모국어에는 없는 외국 글을 옮기는 작업에서 자연스럽게 말과 어휘를 만들어서 표현할 수밖에 없으므로 번역가들은 모국어의 건설자라 할 수 있다.

3 민족 문화의 장인

모국어의 어휘와 표현 영역을 넓히는 작업을 하는 번역가들은 자연히 민족 문학을 풍요롭게 만드는 장인이 되어있다.

4 지식의 보급과 창조의 주체자

자국에는 없는 외국의 지식을 전달하고 그 지식의 전달과정에서 어휘를 창조해야 하는 번역가는 새로운 지식의 보급과 창조의 주체자가 된다. 이 역할이야말로 번역가의 가장 주된 역할이라고 할 수 있다.

5 학문을 대중화 시키는 사람

번역가는 외국 여러 분야의 학술적인 정보와 서적 등을 번역하여 일반에게 보급시키므로 학문의 대중화를 하는 사람이라고 할 수 있다.

6 정치적 권력에 영향을 끼치는 실권자

번역가의 외국의 새로운 문물 소개에 의한 새로운 사상의 도입은 한 나라의 국민의 사고를 충분히 바꿀 수 있다. 이는 한 나라의 정치의 변화를 가져올 수도 있는 것이다. 따라서 번역가는 새로운 사상 도입의 선택권을 가져 정치적으로 결정적인 영향을 끼치게 되므로 정치권력과 깊은 관계가 있다고 볼 수 있다. 그러므로 번역가가 한 나라의 발전과 국가 운명에도 중요한 역할을 한다고 할 수 있는 것이다.

7 종교 서적의 보급

번역의 역사로 볼 때 성경이 거의 모든 언어로 번역이 되어 읽히게 되었듯이, 모든 종교 서적들은 각국의 신도들에게 각국의 언어로 번역되어서 읽혀지게 된다. 그러므로 번역가는 종교 서적의 보급자라고도 할 수 있다.

8 국가적, 국제적인 기구에서의 번역가의 역할

외국어에 능숙한 번역가는 국내 공공 기관에서는 주로 외국 지식을 자기 나라에 보급하는 역할을 하며 국제적인 기구에서는 자기 나라의 지식을 외국에 알리는 역할을 하게 된다. 이는 주로 여러 세미나나 국제회의 등의 형태로 행해진다.

9 외국 문화의 가치 탐색자

외국 문화를 번역해서 국내에 소개하는 역할을 하는 번역가는 물론 문화를 선택하는 일이 첫 번째 일이다. 힘든 번역을 해서 소개하는 번역가는 일이 의미 있어야 하는 것이다. 그러므로 번역가는 문화의 가치유무를 선별해서 바람직한 것을 소개해야 한다. 따라서 번역가는 외국 문화의 가치 탐색자가 되지 않을 수 없다. 이 역할 역시 참으로 번역가의 중요한 역할이라 할 수 있다.

한편 우리나라의 번역의 역사는, 엄밀히 말해서 중국의 한자 문화에서 벗어나 세종대왕의 위업으로서 우리나라 말인 훈민정음이 창제된 이후부터 시작되었다고 볼 수 있다. 초기에는 주로 경서나 불경이 우리글로 번역되었는데, 세종 29년에 "석보상절"과 세종 30년에 "사서"가 번역되었다. 그리고 문학작품이 번역된 것은 세종 때에 "분류두공부시언해"가 최초인 것으로 여겨진다. 그리고 조선 후기에 와서 "태평광기", "삼국연의", "금고기관" 등의 소설 관련 종류 등이 많이 나타난 것을 볼 수가 있다.

그리고 서양 언어의 번역은 서구 문화의 수입과 한국의 근대화에 결정적인 역할을 했다. 실제로 민족을 각성케 하고 계몽하는 갑오경장1894 운동은 번역이 그 일차적인 임무로 서구화와 근대화 운동의 가장 중요한 활동이었다.

우리나라에서 본격적인 서양 문학 작품의 번역은 1895년의 이동 번역으로 "유옥련전"과 선교사였던 J. S. 게일Gale의 번역인 "천로역정(존 번연 지음)"이 효시라고 볼 수 있지만, J. S. 게일이 외국인이었으므로 한국인에 의한 최초의 번역은 "유옥련전"이라고 볼 수 있는데,

이 번역도 사실은 일본어로 된 "아라비안 나이또(아라비안 나이트, 1884)"를 우리나라말로 옮긴 중역이다.

초기의 한글 성서 번역은 모두 서양인들 중심으로 시작되었다. 그러다 1882년 존 로스John Ross와 그의 조수들인 이응찬, 김진기, 백홍준의 공역으로 "누가복음"이 나왔는데 5년만인 1887년에야 "신약성서"가 완간 되었다. 실제로 이러한 성서번역은 우리나라의 언문일치 운동을 일으켰고, 사상의 근대화에 혁명적인 업적을 세웠고 한국인의 언어생활에 깊은 영향을 끼쳤다고 볼 수 있다.

그리고 이는 신소설의 어문일치의 문체를 길러내게 했으며 한국어에 결정적인 영향을 끼쳐서 그때까지 멸시를 받아오던 한글을 발달시키고 한글을 높이 끌어올리는 역할을 했다. 그러므로 성서의 국역은 우리나라의 사상사와 문학사에 지대한 공헌을 하여 금자탑을 이루었다고 할 수 있다.

그 후의 번역은 55년 동안 273권의 단행본 번역본이 나왔다. 따라서 어떤 학자는 1895년부터 1950년(55년간)까지의 번역문학의 시기를 다음과 같이 5기로 나누어서 보기도 한다.

제1기: 계몽가 활동의 준비시기(1895~1917)
제2기: 번역문학 각성기(1918~1925)
제3기: 번역의 궤도가 정해지고 본격화된 시기
　　　 (1926~1935)
제4기: 암흑기(1936~1945)
제5기: 재생시기(1945~1950)

그리고 앞으로는 제6기의 번역 활동의 특징을 간단히 언급해 보는 것도 현재 우리의 좌표를 찾는 일에 도움이 될 것 같다. 그러면 위의 각 시기의 특징을 한번 살펴보자.

우선 제1기인 계몽가 활동의 준비시기1895~1917에는 22년 동안 68권의 책이 번역되었는데, 순수문학은 17권에 불과했고 역자 미상들이 많은 것들로 대부분이 역사나 전기 등의 계몽적인 서적이었다. 그리고 일본어에 의한 번역의 중역이 많았으므로 수치감을 감추기 위해서 역자 이름을 고사리나 구리병, 늘봄, 기자, 동산 등의 표시를 한 것이라고 생각된다. 그러므로 이 개화기의 번역은 다양한 외국어 실력이 없었으므로 원작에서 직접 번역한 것들이 아니라 일역이 아니면 한자의 한역 등의 중역들이었다. 그 당시 한국인 번역자들은 거의 모두가 일본 유학생들이었고, 완역은 드물었으며 번안이나 의역, 편간(=책을 편찬해서 발간함) 등이 많았다. 이 시기의 대표적인 번역은 최남선이 "소년"지에 영미 시를 일본어에서 번역한 것이었다.

그리고 제2기인 번역문학 각성기1918~1925에는 7년 동안 81권이 번역되었는데 문학작품은 58권이었다. 이 시기의 획기적인 사건은 순 문예 주간지로서 "태서문예신보"가 1918년 8월 26일에 창간되었고, 대부분이 일역의 중역이었던 당시에 원문의 충실한 번역을 시도했으나 제대로 되지 못했다. 그러나 내용이나 형식에 대한 번역 인식을 한 것으로서 번역문학의 정도를 꾀한 것에 그 의의가 있다고 할 수 있다. 이 시기의 대표적인 역서는 그 당시 번역계에서 독무대를 차지하고 있었던 김억(프랑스 시 번역)의 "오뇌의 무도"가 1921년 나온 것으로 그 때까지 아무렇게나 행해졌던 한국 번역 문학을 정상 궤도에 올려 놓는데 큰 몫을 했다. 그러나 한편, 일어를 많이 배우게 된 한국 사람들이 국역무왕론을 주장하기도 하여 1924년 이후는 번역 활동이 줄어들기 시작한 시기이다.

제3기인 번역의 궤도가 정해지고 본격화된1926~1935 시기는 10년 동안 24권이 번역되었는데, 그 중에서 20권이 문학 작품이었다. 그리고 각국 문학을 전공하는 사람들이 생기게 되어 마침내 외국에서의 직접번역이 가능하게 되었다. 이들은 외국문학 연구회를 만들어서 1927년 1월 17일에 문학잡지인 "해외문학"을 발간했고 이하응, 정운섭, 이현구 등이 그 회원들이었다. 그리하여 이 시기는 보다 유능한 번역자들이 생겨나게 되고 유령번역도 차츰 자취를 감추게 되었다. 이 시기의 대표작으로는 1933년에 이하응이 낸 역시집 "실향의 화원"이 있는데 이는 영국, 프랑스의 시를 번역해 놓음으로써 외국 시 수입에 공을 크게 세웠다.

제4기인 암흑시기1936~1945에는 10년 동안 20권이 번역되었는데, 그 중에서 18권이 문학이다. 이 시기는 번역이 침체된 시기로 조용만 등의 대표적인 번역가가 있다.

제5기인 재생시기1945~1950에는 5년 동안 75권의 책이 번역되었는데, 이 중에서 66권이 문학번역이었다.

이 시기는 양적으로도 질적으로도 번역이 좋아진 시기로, 역시집이 13권 나왔고 그밖에 문학이론서가 5권, 단편집이 2권, 수필집이 1권 나왔다.

마지막으로 제6기인 부흥기1951~현재는 6.25 전쟁 동안 침체되었다가 1958년 11월 1일 동아출판사가 "세계문학전집"(36권)을 내고 나서부터 다시 번역 활동이 활기를 띄게 되었다.

그 후 각 출판사들이 세계문학전집들을 내기 시작했고, 1964년 셰익스피어 400주년을 기념하기 위해서 "셰익스피어 전집"(5권)을 휘문출판사에서 낸 것이 특이한 일이었다. 그리고 점점 영국, 독일, 프랑스, 이탈리아 등의 언어 전공자들이 많아졌지만 짧은 기간과 낮은 번역료로 일역의 중역이 많았다고 할 수 있다. 때문에 어쨌든 소설 위주의 번역문학이 발전하게 되었지만 외국 유학생들이 번역에 손을 대는 일은 그리 많지 않았다. 그리고 외국에서 공부를 하고 돌아온 교수들은 저렴한 번역료와 학문적 업적으로 인정해주지 않는 정부의 정책 때문에 번역을 기피했고 그 현상은 지금도 계속되고 있는 것이 번역계의 실정이다. 그래서 출판사들은 자연히 비전공자들에게 아무렇게나 번역의뢰를 하게 되고 이에 따라 오역이 범람하고 있는 것이다. 하지만 몇 년 전부터 번역에 대해 인식을 하기 시작하여 올바른 번역에 대한 요구가 일기 시작했으나, 아직 정부 차원의 시책이 본격적으로 마련되지 않은 상태이고 번역학을 제대로 공부한 사람도 없고 번역을 가르칠 학교나 대학도 전무한 상태여서 그리 나아지지 않고 있는 실정이라 할 수 있다. 따라서 앞으로 정보화, 국제화 시대를 맞이한 우리로서는 번역에 대한 시책이 시급한 상태라고 할 수 있다.

03
번역가의 조건

이제까지 우리는 번역이 무엇이며 번역의 역사는 어떠했는지를 알아
보았다. 그러므로 이제부터는 이처럼 국가 발전의 원동력이요, 문화
창달의 기본 요소가 되는 중요한 활동인 번역작업을 하는 번역가들이
실제로 번역에 임하기 전에 갖추어야 할 자격과 실력 등에 대해 언급
하려 한다. 한 나라의 말을 다른 나라 말로 번역하자면 우선 문장의
뜻을 정확하게 이해해야 하고, 또 그 다음에는 우리말로 독자가 이해
할 수 있도록 정확한 표현을 해줘야 하는 것이다.

　　그래서 외국에서는 문학 작품 등의 저서를 번역하는 경우, 실
제로 유명한 작가들이나 학자들이 사명감을 가지고 힘들고 어려운 과
정의 연구와 조사를 거친 후에 한 구절 한 구절을 오류가 없는 번역을

하려고 노력하는 것을 볼 수가 있다.

　　그러나 우리나라에서는 현재 번역자들이 자신도 어떻게 번역을 해야 할 것인지 또한 번역이 무엇인지에 대한 인식도 아직 부재인 상태라 하겠다.

　　그러므로 번역자들이 번역작업을 실제로 행하기 위해 어떤 노력과 조건을 갖추어야 할 것인지를 명시하는 일은 매우 중요하다고 생각된다. 훌륭한 번역가가 되기 위해서는 우선 다음의 네 가지 조건을 갖춰야 한다.

　　첫째. 번역가는 자기가 전공하는 외국어에 대한 충분한 실력을 갖추어야 한다. 그리고 그 언어실력 함양을 위해 꾸준히 노력해야 한다. 그래서 정확한 문법과 언어 실력으로 외국어 문장의 뜻을 정확하게 파악해야 한다. 그것이 번역의 첫 단계이기 때문이다.

　　둘째. 번역가가 갖추어야 할 조건은 자기나라의 말, 즉 국어를 잘 알아야 하는 것이다. 외국어 글의 뜻을 알아도 어떻게 우리말로 이해가 가도록 표현하느냐 하는 것이 문제이기 때문이다. 번역가는 자기가 알고 있는 뜻을 독자가 이해하도록 전달해줘야 하는 일을 해야 한다. 다시 말해서 외국어를 자기나라 말로 즉, 국어로 독자가 이해하도록 표현해줘야 하는 것이다. 따라서 우리나라의 번역가들은 자기 전공 외국어의 글 뜻을 정확히 이해해서 우리나라 말로 전달해 주어야 한다.

　　이 경우 외국과 우리나라의 풍습과 표현법이 다르고 언어 구조도 다르므로, 번역가는 외국어 글을 우리나라 풍습과 표현과 맞게 우리나라 말로 써줘야 하는 것이다. 따라서 번역가는 항상 우리말 표현을 찾는다는 것을 염두에 두어야 할 것이다. 그런데 우리나라 말의 문법과 어휘력과 문장력이 부족하여 우리나라 말 문장 자체가 틀리고 어색할 경우 독자들은 그 말뜻을 이해할 수 없게 된다. 그러면 이미 번역은 의미 없어지는 것이다. 그러므로 번역자는 스스로 국어 문법 책과 국어사전을 가지고 끊임없이 우리나라 말의 문법을 공부하고 문장력을 기르는 노력을 해야 하며, 책이나 신문, 잡지 등을 많이 읽어 어휘력을 기르는 노력을 해야 한다. 또한 되도록 많은 사전을 구비해야 한다.

셋째. 번역가는 자기가 전공하는 외국어의 해당 국가 문화를 잘 알아야 한다. 같은 말도 나라마다 생활 방식과 사고방식에 따라 표현이 다르기 때문이다. 그 나라의 문화를 알기 위해서는 직접 그 나라에 가서 체험을 해봐야 하며, 보다 더 바람직한 체험을 위해서는 그곳에서 최소한 3년 동안은 살아보는 것이 좋고 오래 살수록 문화의 체험으로서는 더 좋다. 번역가는 그 체험을 통해서 필자가 쓴 말의 뜻을 정확하게 이해하고 우리말 표현으로 그 뜻을 정확하게 전달할 수 있기 때문이다. 그러나 그렇게 오랜 시간의 체류가 불가능하다면 1, 2년이라도 해당 언어 국가에 체류하며 생활하면서 여러 가지 문화적인 체험을 하는 것이 도움이 된다.

쉬운 예를 들어보면 프랑스 말인 우리나라의 "카페"는 일종의 식당으로 밀폐된 홀 안에서 음료와 주류를 파는 곳이지만, 프랑스에서 "카페"는 건물의 문을 모두 개방하여 밖에도 테이블을 많이 놓고 간단한 식사나 음료, 주류, 담배 등을 파는 일종의 간이식당 내지는 매점의 형태로 보다 대중적인 곳이다. 따라서 번역가들은 이렇듯 위의 프랑스 말의 개념을 문화체험을 통해 정확히 알아야 하는 것이다.

이러한 예들은 각 언어권에 수없이 많이 존재하고 있다.

그러므로 훌륭한 번역가가 되기를 원한다면 필히 해당국가에 가서 문화 체험을 하고 오는 것이 좋다. 물론 기술서적이나 학술서적들은 그런대로 번역이 가능하다고 볼 수 있으나, 그런 책들 역시도 각기 그 나라의 상황이나 상태가 다를 수 있으므로 해당국에 다녀오는 것이 바람직하다. 그리고 특히 문학, 교양, 인문, 사회과학 등의 서적은 그 나라에 가서 실제 눈으로 문화와 풍습 등을 보고 체험하는 것이 필수요건이다.

마지막으로, 번역가는 위의 모든 조건을 구비하고도 다양한 주제의 서적을 번역하기 위해서 백과사전적인 지식을 가지고 모든 번역의 주제를 정확하게 전달해 주어야 한다. 그러므로 정치, 경제, 사회, 문화, 예술에 걸친 모든 면에서 해박한 지식을 가지고 있어야 모든 주제를 정확한 해석으로 올바른 번역을 할 수 있는 것이다. 실제로 번역학이 발달된 나라의 번역학교 교과과정에서는 저학년에서 위의 모든 과목, 즉 정치, 경제, 역사, 철학, 교육, 문화 등 모든 과목을 우선 필수 교과목으로 정하고 있다. 그리고 본격적인 번역학은 고학년에 가서야 가르치고 있는 것을 볼 수 있다. 그러므로 번역가들은 백과사전적인 해박한 지식 위에 번역학 이론의 기술을 익힌 다음 번역 작업에 들어가야 하는 것이다. 그리고 번역 활동을 하면서도 계속해서 여러 가지 신문이나 잡지, 서적, TV등 모든 정보망을 통해서 끊임없이 지식을 쌓아야 하는 것이다. 그러나 번역을 위한 이론적 지식을 배울 기관이 없는 우리나라에서는 아직 번역가들이 스스로 개인적으로 노력을 하는 방법 밖에는 없다고 하겠다.

04
번역학의
기초이론

앞에서 열거한 모든 조건을 갖춘 다음 번역가는 실제로 번역 작업에 임하게 된다. 그리고 이 단계에서는 번역을 위한 특별한 지식을 가지고 실제 작업을 해야 한다. 번역의 기초이론, 즉 번역 기법을 알아야 번역을 올바르고 정확하게 할 수 있기 때문이다. 번역을 하는데 있어서도 기술이 필요하고, 그 기술이론을 알아야 제대로 번역을 할 수가 있는 것이다.

그럼 번역 이론에 들어가기에 앞서서 각기 다른 번역 이론 특성을 지니는 번역의 종류부터 알아보자.

1 번역의 종류

세분화 되어 있는 학문 분야들과 과학기술 발달에 따라 번역의 대상
또한 여러 가지가 있다. 그 중에서 우리가 실생활에서 흔히 부딪히는
번역의 대상들을 분류해서 생각해 보기로 하자. 그 대상들은 대강 영
상 번역과 책 번역, 무대 예술, 전시회 등의 번역들로 나누어지고 있
다. 그리고 그 번역도 종류에 따라 다시 영화, 다큐멘터리, 시, 소설,
오페라, 연극 등으로 세분화 되고, 그에 따른 그 특성을 살리기 위한
번역 기법이 있다.

영상 번역에는 영화와 드라마, 다큐멘터리 등의 번역이 있고,
책 번역에는 소설과 시와 수필, 각종 전문서적들이 있다. 그리고 무대
예술에 관한 번역으로는 오페라의 대본과 연극의 희곡, 각본의 번역
이 있다고 볼 수 있다. 그리고 여러 전시회들의 작품들의 제목과 작가
소개의 번역들도 있다. 이러한 여러 번역들을 번역 기법으로 분류해
본다면 문학번역, 기술번역, 예술번역으로 나누어 볼 수가 있는데 그
종류에 따라서 번역 기법상의 특성도 조금씩 달리하고 있다.

그러므로 번역자는 이에 유의하여 번역의 종류에 따라 번역
이론을 잘 적용해서 올바른 번역을 해야 할 것이다. 그럼 이제부터는
위의 모든 번역을 하는데 있어서 공통적으로 적용되는 번역의 구체적
인 기초이론과 방법을 살펴보고 더 나아가 각기 그 번역 대상의 종류
에 따른 특징적인 번역 기법을 간단하게 살펴보고자 한다.

2 번역의 기초이론

우선 번역의 이론과 기법을 학문적으로 너무 깊게 파고 들어가면 한이 없는데다 우리나라의 번역 초보자들에게는 너무 어려워서 이해하기 힘들게 되어 이 책이 자칫 무용지물이 되기 쉽기에 보다 초보자를 위한 실용서가 될 수 있도록 번역 이론을 간단하고 쉽게 설명하고자 한다.

미국, 유럽, 그리고 여러 학자들은 저마다 다른 번역 이론을 내놓고 있다. 그러나 그 많은 다른 학자들 중에서도 가장 타당한 이론으로 많은 인정을 받고 있는 학자들이 죠르쥬 무냉, 쟝 삐에르 비네, 쟝 다르벨네, 쟝 르네라드 미랄, 엘리자벳 라보, 나이더 등이라고 볼 수 있다. 물론 이외에도 저명한 번역 학자들은 많이 있다.

그 중에서 필자는 초보번역자를 위해 가장 적절하다고 생각하는 일반적인 이론을 중심으로 번역의 방법 내지는 기법이라 할 수 있는 이론을 소개할까 한다. 그러나 우선 본격적인 이론으로 들어가기 앞서 우리나라 번역의 실태와 번역에 대한 무지에서 비롯되는 번역 초보자들이 흔히 범하는 오류를 실례를 들어서 간단히 살펴보고자 한다. 우리나라 번역가들이 번역에 임했을 때 문화의 차이에서 부딪히는 일반적인 문제부터 언어의 문법에서 오류를 범하는 경우까지 예를 들어서 보기로 한다.

① 문화적 차이에서 부딪히는 일반적인 문제

우선 번역가들이 각 언어권의 다른 문화에서 오는 생활 습관들을 몰라서 범하는 오류가 많음을 볼 수가 있다. 여기에는 은어나 방언, 관용어, 속어 등이 문제가 된다고 하겠다. 그래서 실례의 하나로 영어의 경우 "The John"이란 말은 실제로 그 나라에서는 "화장실"을 뜻하는 것이다. 그런데, 이것을 잘 모르고 "go to Jonny"를 "죠니(Jonny)를 만나러 간다."라고 옮겨 놓는 경우가 있다. 물론, 이 경우에 역자는 John을 애칭인 Jonny라고 한 것으로 보고 "화장실에 간다."라고 번역해야 하는 것이다. 그리고 또 영어의 경우에 보통 인사말로 알고 있는 "Hi!"를 모두 "안녕"이라고 번역을 해도 무리가 많은 것이다. 말하자면 경찰관이 범인을 체포할 때 "Hi!"라고 한 경우, 정다운 말로 "안녕"이라고 번역한다면 조금 우스운 번역이 되는 것이다. 그러므로 이런 경우에는 "이봐!"라든지 혹은 "여기 있군!" 정도로 번역을 해야 적합할 것이다. 그리고 장례식 때 애도를 표하는 말로 "Sorry"라고 한 것을 흔히 쓰는 뜻으로 "미안합니다."라고 번역하는 것도 우스운 번역이라 하겠다. 이런 경우에는 "애도를 표합니다." 혹은 "참 안됐습니다." 정도가 합당한 번역이라 할 수 있을 것이다.

　　그밖에 프랑스어의 경우에는 건물의 층수를 말할 때 1층을 "Rez-de-chaussee(아래층)"이라고 하고 2층을 1층이라고 부른다. 때문에 번역가는 언제나 건물의 층수를 말하는 프랑스어를 번역할 때는 1층을 더해서 번역을 해주어야 한다. 그 외에도 각 언어권에서 발생되는 문화의 차이에서 오는 여러 가지 오역의 경우가 많겠으나 우리나라에서 가장 많이 쓰이는 영어의 경우에 더욱 빈번히 그러한 오역을 많이 찾아 볼 수가 있다.

② 언어의 문법에서 오류를 범하는 경우

그리고 그 다음으로 가장 중요하고 또 번역가들이 많이 범하는 오역으로는 단어나 문법에 대한 무지나 실수에서 비롯되는 경우가 있다. 이 점에 대해서는 번역가 자기 자신의 실력연마와 노력이 가장 필요하다. 그럼 이 경우에 우리나라에서 번역가들이 현재 가장 많이 범하는 오류를 예로 들어보기로 하자. 그리고 여러 외국어들 중에서도 여기서는 영어의 경우를 예로 들어보기로 한다.

단어 오류의 경우, 번역가는 무엇보다도 한 단어에서도 사전에 나오는 여러 가지 뜻 중 자기가 번역하고 있는 번역물의 종류나 책의 종류와 그때그때 문장에 따라 그 상황에 적합한 단어의 뜻을 파악한 다음에 그 문장에 맞는 우리말을 골라야 할 것이다. 그러므로 번역가는 단어의 뜻을 정확하게 골라 번역을 해야 한다. 실제로 단어의 뜻을 잘못 번역해서 원문과 전혀 다른 뜻이 되는 경우가 많다. 그래서 그런 예들 중에서 우선 책의 제목부터 틀린 경우들을 살펴보고 그 다음 문장에서 틀린 경우를 살펴보기로 한다.

예를 들어서 영어로 "Great Expectations"를 "위대한 유산"이라고 번역한 경우가 있다. 이것은 영어의 "great"이란 단어의 뜻을 너무 쉽게 생각하고 가장 많이 쓰이는 뜻인 "위대한"으로 옮겨 쓴 것이다. 그러나 이 경우에는 책 속의 내용으로 보아서 "막대한"이라고 해야 적합한 번역이 된다. 그리고 "The Ballad of Reading Gaol"을 "독서하는 감독의 노래"라고 번역한 경우가 있다. 이 경우 "Reading"은 영국 잉글랜드 남부에 있는 지방 이름으로 "독서하는"이 아니라 "레딩 감옥의 노래"라고 해야 하는 것이다. 그리고 "The Ambassadors(대사들)"은 영국의 작가 헨리 제임스의 소설 내용으로 보아서 "사자使者들"이라고 번역해야 한다.

한편, 우리나라에 잘 알려져 있는 작품인 "The Scarlet Letter(주홍글씨)"도 "Letter"를 단어의 정확한 의미인 "문자(글자)"라는 뜻으로 번역해서 "주홍글자"라고 해야 뜻이 더 통하는 것이다. 그리고 "The Passage to India(인도로 가는 길)"은 "passage"를 "항해"로 보아야 하는 것으로 "인도로의 항해"라고 해야 적합한 번역인 것이다. 또한 "Brave New World(용감한 신세계)"는 단어 "brave"의 뜻을 잘 파악해서 흔한 뜻인 "용감한"보다는 책 내용에 맞게 "멋진"으로 골라서 "멋진 신세계"로 번역해야 하는 것이다. "Old Curiosity Shop(옛 호기심에 찬 가게)"는 "골동품 상점"으로 해야 한다. 왜냐하면 "old curiosity"가 "골동품"이란 뜻이기 때문이다. 그리고 우리나라에 너무나도 잘 알려진 작품으로 영화로도 유명한 "For Whom the Bell Tolls(누구를 위하여 종은 울리나)"도 사실은 엄밀히 말해서 "누구 때문에 종이 울리나"로 해야 하는 것이다. 여기서 유의해야 할 점은 'the Bell Rings'가 아니라 'the Bell Tolls'라는 것인데, 'Tolls'는 그냥 종이 울리는 것이 아니라 종이 반복적으로 천천히 울린다는 뜻이기 때문이다.

"The Killer(살인자)"도 작품의 내용상 "살인 청부업자"라고 해야 한다. "The Golden Bough(황금가지)"도 'golden bough'의 뜻이 황금색 기생식물의 이름이므로 "황금색 가지"로 해야 맞다고 할 수 있다. "Load of the Flies(파리대왕)"도 히브리어에서 번역된 말이기 때문에 그 히브리어 뜻에 따라서 "마왕"이라고 해야 하는 것이다. "Death, Be Not Proud(죽음은 자랑스러운 것이 못 된다)"도 시에서 따온 제목이므로 "사신이여, 뽐내지 말라"라고 해야 맞는 표현이라고 할 수 있다. "Jesting Pilate(익살꾸러기 해적)"도 "조종하는 빌라도"가 맞는 표현인데, 이 경우는 번역자가 'Pilate'(빌라도)를 'Pirate'(해적)로 착각하고 번역한 것이다.

　　"House of Shadows(그림자의 집)"도 이 작품에서는 'Shadow'라는 단어의 뜻 중 '유령'이란 뜻을 택해서 "유령들의 집"이라고 해야 하는 것이다. "Ryan's Daughter(라이언의 처녀)"도 작품 내용상 "라이언의 딸"이라고 해야 맞다. "West End Story(서쪽 끝 이야기)"도 'West End'가 영국 런던의 구역 이름이므로 고유명사 이름 그대로 "웨스트 앤드 이야기"라고 번역해야 한다.

　　"Pale Fire(창백한 불꽃)"도 'pale'이 빛을 의미할 때는 '희미한'이란 뜻이므로 "희미한 불빛"이라고 해야 하는 것이다. "Lives of the Poets(시인들의 생활)"도 "Lives"의 단어에 보다 주의해서 "시인전"이라고 했어야 한다. "My Brother's Keeper(나의 형제의 옹호자)"도 작가의 의도 상 "나의 형의 보호자"로 번역했어야 한다. "The Shade of Panell (파넬의 그늘)"도 단어의 여러 가지 뜻과 작품의 내용상 "파넬의 망령"이라고 해야 하는 것이다. 또한 "Lady Chatterly's Lover(채털리 부인의 사랑)"도 작품의 내용상 "채털리 부인의 연인"으로 해야 적합하다. "Children of a Lesser God(작은 신神의 아이들)"도 어원으로 볼 때 'Lesser God'를 '하위신下位神의 아이들"이라고 해야 한다.

　　"The Sound and the Fury(음향과 분노)"도 작품 내용상 '헛소리와 분노'로 해야 하는 것이다. "Riders to the Sea(바다로 가는 사람들)"도 보다 단어의 뜻에 유의해서 "바다로 말 타고 가는 사람들"이라고 해야 하는 것이다. 즉, 'Riders'는 'Knight(기사)'라는 뜻이 아니기 때문이다. "The School of Athens(아테네의 학당)"도 여기서는 'School'이 일반적인 뜻의 학교가 아니라 '학파'라는 뜻이다. 그러므로 "아테네 학파"라고 해야 한다.

"Little Gidding(조그마한 현기증)"도 지명이기 때문에 그냥 "리틀 기딩"이라고 해야 하는 것이다. 이런 경우는 참으로 엄청난 오역이 아닐 수 없다. "Prometheus(프로메테우스 행)"도 신화적인 배경을 배려하여 책의 내용에 맞도록 "쇠사슬에 묶인 프로메테우스"라고 해야 하는 것이다.

또한 "The Last Rose of Summer(한 떨기 장미꽃)"이라고 번역해 놓은 것이 있는데 이것은 우리나라에 잘 알려져 있는 유명한 시이면서 노래이다. 이 경우도 단어의 뜻과 그 내용에 맞게 "여름의 마지막 장미"라고 번역해야 하는 것이다. "My Last Duchess(나의 마지막 공작부인)"도 책 내용으로 보아서 "나의 전처"라고 번역을 해야 한다.

이상과 같이 번역가는 단어의 뜻을 문장과 글 전체의 내용에 맞게 번역해야 하고, 특히 쉬운 단어도 다시 한 번 확인해야한다. 그리고 해당 단어가 고유명사인지 확인하는 것도 잊지 말아야 할 것이다.

그럼 지금부터는 실제로 번역가가 문장에서 범하는 오역의 예들을 살펴보자.

③ 문장에서 범하는 오류

a. 수동태의 문장

우리나라 번역 문장들 중에서 번역가들이 가장 많이 범하는 실수가 서양언어(영어, 불어 등)에서의 수동태 문장이다. 이 경우, 우리나라 글의 표현방식과 언어구조는 영어나 불어의 경우처럼 수동태의 형식을 취하지 않는다. 그러므로 번역가는 이런 경우 능동태로 바꾸어서 번역해야 우리나라 말에 맞는 것이다.

예를 들어서,

Ex. This picture is drawn <u>by Tom</u>.

을 영어 문장 그대로 번역하면 '톰에 의하여(by Tom)'가 되어서 "이 그림은 톰에 의해서 그려졌다."가 된다. 그러나 우리나라 언어 구조로는 '이 그림은 톰이 그렸다.' 혹은 '톰이 이 그림을 그렸다."라고 해야 바람직한 번역인 것이다. 이런 실수는 우리나라의 번역가들이 가장 많이 범하고 있는 실수이다.

또 다른 예로는 수동태를 만드는 전치사 by를 생략한 수동태 문장도 있다.

Ex. English is spoken in Canada.

이 경우는 "by them"이 빠진 경우로서 "캐나다에서는 영어로 말한다."라고 능동태로 바꿔 번역을 해야 자연스러운 우리말이 된다.

다시 말해서 "영어가 캐나다에서 말해진다."라고 수동태를 그대로 번역하면 우리말로는 부자연스러운 말이 된다.

다음의 예도 마찬가지라고 할 수 있다.

Ex. She is loved <u>by him</u>.

이 경우에도 "그 여자는 그의 사랑을 받고 있다."라고 수동태를 직역하는 경우는 특별한 경우를 제외하고는 "그는 그 여자를 사랑한다."라고 능동태로 바꿔 번역하는 것이 바람직하다.

또 다른 예를 보기로 한다.

Ex. These books were <u>written by Mr. Park</u>.
     박 선생님이 이 책들을 썼다.

위의 경우에도 영어 문장의 밑줄 친 부분을 직역하면 "박 선생님에 의해서 쓰여졌다."가 된다. 그러나 이는 우리말로는 역시 부자연스럽다. 따라서 위와 같이 능동태로 바꾸어서 번역해야 한다.

다음의 예를 보기로 한다.

Ex. This dress is <u>designed by mary</u>.
     이 드레스는 메리가 디자인 했다.

위의 경우도 밑줄 친 영어를 직역하면, "메리에 의해서 디자인

되었다."이다. 하지만 이 경우에도 능동형으로 고쳐서 위와 같이 번역해야 한다.

또 다른 예를 보자.

Ex. He was visited by me.
　　　나는 그를 방문했다.

위의 예에서도 밑줄 친 영어를 직역해서, "나에 의해서 방문되었다."라고 번역하면 우리말로는 어색한 문장이 되고 만다. 그러므로 이 경우도 능동태로 바꾸어서 위와 같이 번역을 해야 한다.

흔히 쓰이는 말로는 다음과 같은 표현을 볼 수 있다.

Ex. A Box was made for me by him.

위 표현도 "그가 나를 위해 상자를 하나 만들었다."라고 번역해야 자연스럽다. 그러나 수동태가 쓰인 대로, "상자 하나가 그로 인해서 만들어 졌다."라고 하면 부자연스러운 말이 된다.

다음의 예를 보자.

Ex. He was elected president by us.

위 경우도 "우리가 그를 대통령으로 뽑았다."라고 표현해야 한다. 그리고 다음의 경우도 주의해서 번역하자.

Ex. We <u>are known by</u> the company we keep.

위의 경우는 수동태 그대로 해석하면, "우리는 우리가 유지하는 친구로 알려진다."라는 말로 매우 어색하고 심지어는 무슨 뜻인지 잘 알 수 없는 경우가 된다. 그러므로 위 경우에는, "친구를 보면 그 사람의 인품을 알 수 있다."라고 번역해 줘야 그 뜻을 알 수 있는 경우이다.

간단한 다음의 경우도 있다.

Ex. Let it be done at once.

위 경우도 "그 일은 한 번에 해버려라."라고 번역하는 것이 올바르고, 문장 그대로 "한 번에 그 일이 되도록 하라."라고 번역하면 부자연스러운 느낌이다.

또한 다음의 경우도 빈번히 볼 수 있는 예이다.

Ex. <u>By whom was</u> this machine <u>invented</u>?

위의 경우도 간단히, "누가 이 기계를 발명했습니까?"라고 번역해 주는 것이 좋다. "누구에 의해 이 기계가 발명되었습니까?"라고 하면 쓸데없이 긴 말이 되고 만다. 그러므로 적절하게 우리말로 알아듣기 쉽게 전달하는 번역을 해야 할 것이다.

b. 인칭대명사의 처리

외국어(영어, 불어)에서는 문장이 매번 인칭대명사로 시작하는 것이 보통이다. 그래서 외국어 문장의 인칭대명사를 우리나라 말로도 문장마다 매번 '그는', '그녀는' 하고 옮겨 놓으면 어색하기 짝이 없다. 그러므로 이 경우 번역가는 적절하게 원어의 대명사를 생략해 주고 때로는 인칭대명사 대신에 이름을 써 주기도 하면서 자연스러운 우리말을 만들어 주어야 한다.

예를 들어서 영어의 경우,

Ex. He goes to school, and he arrives at school.

He meets his friend at his school.

를, '그는 학교에 간다. 그리고 그는 학교에 도착한다. 그는 학교에서 그의 친구를 만난다.'라고 직역하면 말이 어색하고 혼란스러운 느낌을 준다. 그러므로 이 경우 번역가는 원어의 대명사를 적당히 생략을 해서 '그는 학교에 간다. 그리고 학교에 도착해서 친구를 만난다.'라고 자연스럽게 우리말로 옮겨 주어야 한다.

그리고 또 다른 예로는 다음과 같은 것이 있다.

Ex. He is poor, but he is happy.

이 경우에도 "그는 가난하다. 그러나 그는 행복하다."라고 원문을 직역하여 인칭대명사 "그는"을 반복해 주기 보다는, "그는 가난

하지만 행복하다."라고 번역하는 것이 바람직하다. 또한 인칭대명사 대신에 이름이나 소유형용사 등을 써서 반복되는 인칭대명사를 피하고 자연스러운 말이 되도록 하는 경우도 있다. 이 경우는 대체로 인칭대명사가 많이 반복되어 나올 때라고 할 수 있다.

> Ex. She is his sister, she is cute, he loves his sister so she always asks many things to him. She calls his brother "good brother" with smile.

이 경우 원문 그대로 직역하면 다음과 같다. '그녀는 그의 여동생이다. 그녀는 귀엽다. 그는 여동생을 사랑한다. 그래서 그녀는 그에게 부탁을 많이 한다. 그녀는 그녀의 오빠를 웃으면서 "좋은 오빠"라고 부른다.'

이 경우는 인칭대명사 "그녀"가 너무 많이 나오고 있다. 그러므로 이때는 "그녀"를 적당히 생략해주는 한편 "그녀" 대신에 "Jane" 등의 원 문안의 그녀 이름을 써주거나 "그의 여동생" 등을 대신 써서 같은 말이 반복되는 어색함을 피하는 것이 자연스럽다. 즉, '제인은 그의 여동생인데 귀엽다. 그는 여동생을 사랑한다. 그래서 그녀는 언제나 그에게 부탁을 많이 한다. 그녀는 웃으면서 오빠를 "좋은 오빠"라고 부른다.'라고 번역하면 훨씬 부드러운 우리말 표현이 되는 것이다.

다음의 예를 또 보기로 한다.

Ex. I am tired now and thirsty, so I can not continue to
walk, I want to rest for a while.
난 피곤하고 목이 말라요, 그래서 계속 걸을 수가 없
으니 잠시 쉬었으면 해요.

위의 경우에서도 영어원문에서 밑줄 친 부분의 "I"를 계속 "나
는", "나는"하고 번역하면 우리말로는 부자연스럽다. 그러므로 위와
같이 생략해주는 것이다.
또 다른 예를 보기로 한다.

Ex. They repaired their store, they hung up the sign of the
store and they opened their store.
그들은 자기네 가게를 수리하고 상점의 간판을 걸고
가게를 열었다.

위의 문장에서도 영어의 대명사 "they(그들)"를 계속 번역해서
써주면 우리말로는 어색한 말이 되고 만다. 그러므로 위와 같이 적절
하게 생략하고 번역을 해주어야 한다.
다음의 예를 들어 보자.

Ex. She met him at a party, she loved him and she got
married with him.
그녀는 한 파티에서 그를 만나서 그를 사랑하고 그와

결혼했다.

위의 문장에서도 영어의 대명사, "she(그녀)"를 계속 번역하면 어색한 우리말이 되고 만다. 그러므로 위와 같이 적절히 생략해서 번역을 해주어야 한다.

우리는 다음의 경우를 또 볼 수 있다.

Ex. He goes out. He met one friend. He smiles.

위의 경우에 있어서, "그는 나간다. 그는 한 친구를 만난다. 그는 미소를 짓는다."라고 인칭대명사를 모두 번역하면 어색하다. 그러므로 여기서도 "그는 나간다. 그리고 그는 한 친구를 만나 미소를 짓는다." 정도로 적당히 인칭대명사를 생략해서 자연스럽게 우리말로 옮겨야 하는 것이다.

다음의 예를 또 들어보기로 한다.

Ex. She is beautiful and she is rich but she is very nice.

위의 문장에서도 밑줄 친 "그녀"라는 인칭대명사를 계속 번역하면, 우리말로 부자연스러운 문장이 된다. 그러므로 적당히 생략해서 "그녀는 아름답고 부자인데 아주 선하다."라고 번역하면 좋다.

또 다른 예를 다음과 같이 볼 수 있다.

Ex. I studied, I went to school, I passed the exam.

위의 문장에서도 밑줄 친 주어인, "나"를 계속 번역하면 부자연스러운 우리말이 된다. 그러므로 "나는 공부를 했고, 학교에 갔고, 시험에 합격했다."라고 적절하게 "나"의 인칭대명사를 생략하고 번역하는 것이 바람직하다.

우리는 다음의 예를 또 볼 수 있다.

Ex. We went to picnic in the country, we played the
    tennis, and we spent the good times there.

위 문장에서도 인칭대명사 "we(우리)"를 반복적으로 번역하면 어색한 우리말이 되고 만다. 그러므로 "우리는 시골로 피크닉을 가서 테니스를 쳤고 좋은 시간을 보냈다."라고 번역해야 적절한 우리말이 된다.

c. 전치사의 처리

외국어의 전치사 문제에 있어서 번역을 할 때 직역으로만 번역해서 쓰면 우리말이 어색해지는 경우가 많다. 때문에 번역가는 그때그때 문장에 따라 적절하게 토를 달아주어야 한다.

예를 들어 영어의 경우, 흔히 대표적인 뜻으로 "in"을 "속에"라고만 번역하는 경우가 있다.

Ex. My brother helped me <u>in</u> different way.

이 경우에도 "in different way"를 "다른 방식에 있어서"라고 하면 역시 우리말이 어색하다. 그러므로 "in"을 "~으로"라고 번역해야 자연스럽다.

흔히 쓰이는 영어의 전치사 "on"의 경우를 본다.

Ex. I will go to the station <u>on</u> the instant.
　　나는 즉시 역으로 가겠다.

위의 영어 문장에서 전치사 "on(~에, 위에)"은 굳이 해석하지 않는 것이 우리말로는 자연스럽다. 이 경우는 "on"이 "~와 동시에"라는 뜻으로 쓰였다고 볼 수 있는데, 따라서 위와 같이 번역하는 것이 바람직하다.

또 다른 예를 보기로 한다.

Ex. He will come home <u>by</u> five.
　　그는 5시까지는 집에 올 겁니다.

위에 밑줄 친 영어의 전치사, "by"는 우리말로 번역할 때 흔히, "~쯤, ~에 의해서, ~의 곁에"로 번역된다. 그러나 위의 경우는 "~까지는"의 뜻이다. 그러므로 전치사 "by" 역시 주의해서 번역해야 한다.

또 다른 예로, 영어문장에 흔히 나오는 "of"도 번역자들이 무조건 첫 번째 뜻의 "~의"로 어떤 경우에나 번역하고 있어 가끔씩은 어색한 것을 넘어서 독자들이 혼동될 때도 있다.

다음의 예를 들어 보기로 한다.

Ex. I went to the beautiful city of Rome last year.

이 문장을 "나는 작년에 로마의 아름다운 도시에 갔다."라고 번역하는 경우가 흔히 있다. 이 경우 독자는 로마에 있는 다른 아름다운 도시에 갔는지 혼동이 되기도 한다. 이 경우는 "of"라는 전치사의 뜻을 잘 살펴서 동격으로 쓰인 것이므로 전치사의 뜻을 생략해 주어야 한다. 그래서 "나는 작년에 아름다운 도시 로마에 갔다."라고 번역을 해야 분명하고도 자연스러운 우리말이 된다고 하겠다. 이 경우는 번역자들이 무심코 많이 저지르는 실수이다. 전치사 "with"의 예도 신경을 써서 번역해야 한다.

Ex. I will meet him with open minded.

여기에서도 "나는 열린 마음을 가지고 그를 만나겠다."라고 전치사 "with"를 흔한 뜻 "~을 가지고"로 쓰면 어색하다. 그러므로 이 경우에는 "나는 그를 열린 마음으로 만나겠다."라고 번역하는 것이 훨씬 자연스럽다.

다음의 예를 또 볼 수 있다.

Ex. He made the speech to the public <u>with</u> the courages.

위의 예에서 with를 전치사의 뜻대로 흔히 "~와 함께", 라고 번역하여 "용기와 함께"라고 번역하면 부자연스러운 우리말이 된다. 그러므로 "그는 용감하게 청중에다 대고 연설했다."라고 번역해야 자연스럽다.

다음의 경우를 또 볼 수 있다.

Ex. We should act <u>in</u> the rules.

위 경우도 전치사의 뜻대로 in을 "~속에서"라고 번역하면 문장이 어색하다. 때문에 "규칙 속에서"라고 번역하기 보다는 "규칙에 따라서 행동해야 한다."라고 번역하는 것이 좋다.

다음의 경우도 주의해서 번역해야 한다.

Ex. She walked all day long <u>in</u> the rain.

위의 경우에도 in을 사전 속의 "~속에"라는 뜻대로 "비 속에서"라고 번역하기보다는, "그녀는 온종일 비를 맞고 걸었다."라고 번역해야 자연스러운 번역이라 할 수 있다.

다음의 경우도 정확하게 번역해야 한다.

Ex. We are boring <u>to</u> die.

위의 경우도 전치사 to의 뜻을 흔한 "~으로, ~하기 위하여"라고 번역을 하기보다는, "우리는 죽을 정도로 싫증이 난다."라고 번역하여 "~정도로"라는 뜻으로 주의 깊게 번역해야 한다.

다음의 경우도 전치사를 잘 번역해 주어야 한다.

Ex. He is the man of spirit.

위의 경우에도 전치사 "of"를 보통 "~의, ~에 대한"의 뜻으로 생각하여 번역하면 부자연스럽다. 위의 경우는 특징을 나타내는 경우로, 정확히 번역을 해줘야 하는 경우이다. 즉, "그는 지혜가 있는 사람이다."라고 번역해야 한다.

d. 접속사의 처리

외국어의 접속사도 우리말로 옮길 때는 적당히 생략해 주어야 한다.

예를 들어 보기로 한다.

Ex. He is very handsome, rich and tall, but very weak.

이 경우에도 and(그리고)와 but(그러나)을 매번 번역을 해서 '그는 매우 잘 생기고 부자고, 그리고 키가 크다. 하지만 그는 매우 약하다.'라고 하기보다는 접속사를 적당히 생략해서 '그는 매우 잘 생기고 부자고 키도 컸지만 아주 약하다.'라고 써 주어야 자연스러운 우리말이라고 할 수 있다. 또 다른 예를 들어보면 다음과 같다.

Ex. You can have this hat or that hat for you have a right choice.

이 경우에도 "당신은 이 모자나 저 모자를 가질 수 있습니다. 왜냐하면 당신은 선택할 권리가 있으니까요."라고 번역하면 필요 이상의 말을 늘어놓는 듯한 부자연스러운 느낌을 준다. 그러므로 이 경우는 "당신은 선택할 수가 있으니까 이 모자나 저 모자를 가질 수 있습니다."라고 접속사 "for"를 생략해서 번역하면 훨씬 쉽고 간단한 말이 된다.

또 다른 예를 들어 보기로 한다.

Ex. He can speak English, but he can't speak French.
그는 영어는 할 줄 알지만 프랑스어는 못한다.

위의 문장에서도 영어의 접속사, "but(그러나)"를 굳이 다시 언급해서 번역을 할 필요가 없고 의미만 나타내는 식으로 위와 같이 번역을 해주면 된다.

다음의 경우에도 접속사를 적절히 생략해서 자연스러운 우리말이 되도록 번역해야 한다.

Ex. He is handsome, gentle and brave. And he is intelligent also.

위 경우도 접속사 "and(그리고)"를 "그는 잘 생기고 마음이 좋고, 그리고 용감하다. 그리고 그는 똑똑하기도 하다."라고 번역하면 어색하다.

그러므로 적당히 접속사를 생략해서, "그는 잘 생기고 마음이 좋고 용감하다. 그리고 똑똑하기도 하다."라고 번역하는 것이 자연스럽다.

다음의 예를 또 들어 보기로 한다.

Ex. She want to reserve one room on the first floor <u>or</u> on the 2nd floor <u>or</u> on the third in this Hotel.

위 경우, "or(혹은)"을 번번이 반복해서 써주면 어색하다. 그러므로 접속사 "or"를 적당히 생략해서 "그녀는 이 호텔의 1,2,3층 어디에든 방을 하나 잡기를 원한다."라고 간단히 의미를 살려서 번역해주는 것이 바람직하다.

또한 다음의 예를 또 볼 수가 있다.

Ex. He is not rich, <u>and</u> he is not handsome, <u>and</u> he is not charming <u>but</u> he is gentle.

위의 경우에도 접속사 "and(그리고)"와 "but(그러나)"를 적당히 생략해서, "그는 부자도 아니고 잘 생기지도, 매력적이지도 않지만 젊잖다."라고 간단한 우리말로 자연스럽게 번역해야 한다. 이런 경우 접속사를 매번 번역할 필요 없이 우리말 의미로 적절하게 써주면 좋다.

e. 코머(Comma, 쉼표)처리

외국어 문장, 특히 서양언어 문장에서는 쉼표를 많이 붙이고 있다. 그러나 우리나라 말에서는 외국어 원문 그대로 쉼표를 번역하면 어색하다. 그러므로 가능하면 쉼표는 많이 생략하고 꼭 필요한 경우에만 가끔씩 쉼표를 찍어 주어야 한다.

> Ex. He left his house, turned to the left, crossed the street,
> entered in a store, and bought a book.

이 경우에도 "그는 집을 떠나서, 돌아서, 길을 건너, 상점 안으로 들어가서, 책을 한 권 샀다."라고 하면 너무 혼란스러운 느낌이다. 그러므로 쉼표를 적당히 생략해서 "그는 집을 나와 돌아서, 길을 건너 상점에 들어가 책을 한 권 샀다."라고 해야 바람직한 번역이 된다.
이러한 경우는 영어 문장에서 빈번히 나오는 경우로 다음과 같은 예를 볼 수도 있다.

> Ex. She is beautiful, kind, smart, nice and cute.

이때 원문 그대로 "그녀는 아름답고, 친절하고, 똑똑하고, 훌륭하고 그리고 귀엽다."라고 번역하면 어쩐지 부자연스러운 느낌이다. 그러므로 "그녀는 아름답고 착하고 똑똑한데다 훌륭하고 귀엽기도 하다."라고 쉼표를 적당히 생략해서 자연스러운 우리말 표현으로 바꾸어 주면 좋다.

다음의 예를 또 들어 보기로 한다.

Ex. She is tall, beautiful, kind and brave woman.
그녀는 키가 크고 아름답고 친절하고 그리고 용감한
여성이다.

위의 경우는 영어문장의 " , "를 우리말에서는 하나도 쓰지 않은 경우다. 위와 같이 영어문장의 " , "는 우리말로 옮겼을 때 많이 생략되는 것을 볼 수가 있다.

다음의 경우를 또 살펴볼 수 있다.

Ex. He went out the school, met his friend, talked to him
and he return to home.

위 경우에도 원문의 쉼표를 계속 살려 "그는 학교를 나갔다. 그리고 그는 친구를 만났다. 그는 친구에게 말했다. 그리고 그는 집으로 갔다."라고 번역하면, 지루하고 부자연스러운 우리말이 된다. 그러므로 "그는 학교를 나가서 친구를 만나서 말을 하고 그는 집으로 갔다."라고 쉽고 자연스러운 말로 번역해야 한다.

다음의 예를 또 보기로 한다.

Ex. He met his friend on the road, asked his news, was
    satisfied with his success, and he said to him to
    entered to the coffee house.

위 경우에도 " , "(쉼표)를 계속 살려서 번역하면 부자연스러우
므로, "그는 길에서 친구를 만났다, 그 친구의 소식을 묻고 그의 성공
을 기뻐하고, 커피전문점에 들어가자고 했다."라고 쉼표를 생략을 하
여 자연스러운 우리말로 써야 바람직한 번역이라 할 것이다.
다음의 예를 또 볼 수가 있다.

Ex. We climbed on the mountain, were tired, we sat down
    on the rock and we ate the lunch there.

위의 경우에 " , "(쉼표)를 생략해서, "우리는 산에 올라갔는데
피곤해서 바위 위에 앉아서 점심을 먹었다."라고 번역해 주어야 올바
른 우리말 번역인 것이다.

f. 시제의 문제

번역가가 또 주의해야 할 것은 바로 시제의 문제이다. 영어나 불어의
경우는 과거나 미래 등의 시제가 매우 세분되어 있어서 과거만 해도
과거, 복합과거, 대과거 등 여러 가지 표현들이 있다.
그러나 우리나라 말에는 과거 시제가 특별한 경우를 빼고는
한 가지 표현밖에 없다. 즉, 우리나라 말의 과거에서는 "그랬었다."라

는 과거의 어느 시점에서보다 더 오래된 과거를 특별히 명시해야 할 경우의 표현 이외에는 거의 모두가 "그랬다."라고 한 가지 방식의 표현을 한다.

예를 들어 보기로 한다.

Ex. He <u>had never been in</u> New York before he got married.

위에서 "had never been"이 과거인 "got married" 보다 더 먼저인 대과거이므로 "그는 결혼하기 전에 뉴욕에 가 본 적이 한 번도 없었었다."라고 우리말을 대과거로 표현하면 틀리지는 않으나 어색하다.

그러므로 "그는 결혼하기 전에 뉴욕에 가 본 적이 한 번도 없었다."라고 단순한 과거 형태로 그냥 번역 해줘야 우리말로는 자연스럽다.

또 다른 예를 들면 다음과 같다.

Ex. I sold the watch which I <u>had bought</u> the previous day.

이 문장도 우리말의 형식을 따져서 그대로 "나는 전날에 샀었던 시계를 팔았다."라고 번역하면 왠지 어색한 문장이 된다. 그러므로 이 경우에는 "나는 전날에 샀던 시계를 팔았다."라고 하나의 과거 시제로 써주면 자연스럽다.

또 다른 흔한 예를 들어 보기로 한다.

Ex. He has gone to a foreign country.
　　　그는 외국으로 가버렸다.

위의 문장은 현재완료형을 우리말로 옮길을 때 과거로 표기해 주는 예다.
또 다른 예를 들어 보자.

Ex. She had been saving money for her children.
　　　그 여자는 자녀를 위해 돈을 계속 저축하고 있었다.

위의 영어문장은 과거완료 진행형을 우리말로 옮겼을 때는 단순히 과거진행형이 된 것을 보여준다.
또 다른 예로 미래의 예를 볼 수가 있다.

Ex. They will have arrived in France by this time tomorrow.
　　　그들은 내일 이맘때까지는 프랑스에 도착하게 될 것이다.

위의 영어문장은 미래완료 시제이다. 그러나 우리말로 옮길 때는 그대로 미래로 표현해 주는 것을 볼 수 있다.
또 다른 예를 보자.

Ex. It <u>will have been raining</u> for five days by tomorrow.
비가 내일까지 오면 5일 동안 오는 셈이 될 것이다.

위의 경우는 원문이 미래완료 진행형이다. 그러나 우리말로 옮길 때는 위와 같이 단순히 미래형으로 표현해 주면 된다.

흔히 있는 문장으로는 다음의 경우를 볼 수 있다.

Ex. I already <u>had been eat</u> the lunch when the postman brought me the letter.

위 문장은 "우체부가 편지를 나에게 가져 왔을 때 나는 점심을 먹고 난 후였다."라고 번역해야 한다. 만약 "~ 먹고 난 후였었다."라고 번역하면, 특별히 시간을 명시해야 할 경우 외에는 말이 어색한 것이다.

그리고 다음의 예도 볼 수 있다.

Ex. After he had finished his works, he <u>lied</u> down.

위의 경우에도 그가 눕기 전에 그가 일을 끝마쳤다는 과거 시제가 과거와 그 이전의 과거 두 가지로 나왔으나 번역은 "그는 일을 끝마친 후 자리에 누웠다."라고 표현해야 한다. "그는 일을 끝마쳤었고 그 후에 누웠다."라는 식의 원문 과거 형식을 그대로 번역하는 것은 올바른 번역이라 할 수 없는 것다.

또한 다음의 경우를 볼 수 있다.

Ex. My father went out, but he will be back before noon.

위의 경우는 과거와 미래 시제가 동시에 쓰였다. 이런 경우는 시제 그대로 자연스럽게 번역하여, "아버님이 외출하셨는데 정오 때까지는 돌아오실 겁니다."라고 써주면 될 것이다.

"돌아와 계실 겁니다."라고 before(~전에)라는 의미를 부여해서 완료형으로 번역할 필요는 없다. 외국어 혹은 영어 번역에 있어서 시제는 복잡하게 모두 일일이 번역하면 부자연스러우므로 우리말식으로 특별한 시점을 강조할 경우 외에는 모두 과거로 표현하면 되고 과거, 미래가 혼합된 문장은 쓰여 있는 그대로 자연스럽게 번역하면 되므로 그다지 어려운 문제는 아니다.

g. 소유 대명사

또한 번역자들이 잘 저지르는 오역이 소유대명사인데, 이 소유대명사도 문장에서 나올 때마다 모두 번역하면 우리말로는 부자연스러운 말이 되고 만다. 즉,

Ex. He took <u>his</u> bag and opened <u>his</u> bag and pull out <u>his</u> notebook.

이 경우 "그는 그의 가방을 집어서 그의 가방을 열고 그의 노

트를 꺼냈다."라고 하면 "그의"가 너무 많이 들어가서 부자연스럽다. 그러므로 "그는 그의 가방을 집어서 가방을 열고 노트를 꺼냈다."라고 소유대명사를 적당히 생략해 주어야 바람직하다.

또 다른 예를 들어 보면 다음과 같다.

> Ex. He came home with his friends and presented them to his wife and to his son.
> 그는 친구들과 함께 집으로 와서 그들을 자기 부인과 아들에게 소개했다.

위의 문장에서도 "그의 친구들", "그의 아들"의 소유격을 생략해 자연스러운 번역이 되도록 해야 한다.

또 다른 예를 들어본다.

> Ex. In that situation, there is no my home, no my future and no my life.
> 그런 상황에서는 나의 집도, 미래도, 그리고 인생도 없다.

위의 경우에도 소유격 "my"를 적절히 생략하고 위와 같이 번역해야 한다.

다음의 예도 보자.

Ex. He gave <u>his</u> money to <u>his</u> brother and to <u>his</u> friend.

위 문장도 "그는 그의 돈을 그의 동생과 그의 친구에게 주었다."라고 원문에 쓰인 그대로 번역하면 역시 부자연스럽다. 그러므로 이 경우에도 "그는 그의 돈을 동생하고 친구에게 주었다."라고 번역하는 것이 바람직하다.

그리고 다음과 같은 예를 볼 수도 있다.

Ex. Tom pulled out <u>his</u> pen from <u>his</u> bag and wrote <u>his</u>
name on the paper.

위 경우에도 "그의 펜"과 "그의 가방"에서 소유격인 "그의"를 적당히 생략해서 우리말로 어색함이 없도록 번역하면 좋다. 즉 "톰은 가방에서 펜을 꺼내서 종이에 자기 이름을 썼다."라고 쓰는 것이 올바른 번역이라 할 수 있다.

다음의 또 다른 예를 보자.

Ex. This is <u>our</u> house where we are living with <u>our</u>
parents.

위의 경우도 "our(우리의)"를 생략해서, "여기가 부모님을 모시고 사는 저희 집입니다."라고 번역해야 자연스럽다.

h. 존대법

그리고 우리나라 번역가들이 또 지나쳐서는 안 되는 번역의 중요한 주의점은 존대법이다. 서양언어에는 없는 우리나라의 존대법을 번역가가 상황과 대상에 따라 적절히 잘 써주어야 우리나라 문화에 맞는 올바른 번역이 되는 것이다. 따라서 번역가는 우선 외국어 문장의 상황이 초면인지 구면인지와 연령 등의 차이에 따라 외국어 문장을 우리나라 말의 존칭법으로 적절하게 바꿔 써야 한다. 그렇게 번역하지 않으면 누가 누구에게 말을 하는 건지 혼동이 되고, 우리나라 생활풍습에 맞지 않는 말이 되고 만다. 그러므로 번역가가 존대법을 반드시 지켜주어야 올바른 우리말 번역이라고 할 수 있다.

예를 들면 다음과 같다.

Ex. <u>You</u> have to go to school.

<u>You</u> are my good father.

위의 경우에 영어에서 "you"는 어떤 대상이든 간에 상대방에게 쓰는 "당신"이란 말이다. 그래서 첫 번째 문장의 경우 "너는 학교에 가야 한다."이다. 왜냐하면 학교에 가는 사람은 대개의 경우 나이가 적은 사람이기 때문이다. 그러나 두 번째 문장에서는 "당신은 나의 좋은 아버지입니다."라고 번역하면 우리말이 되지 않는다. 그러므로 "아버님께서는 저의 좋은 아버지 이십니다."라고 적절한 존칭표현을 써서 번역해야 한다.

또 한 예를 들어 보기로 한다.

Ex. He is hero in our village.

"He"는 영어에서 흔히 "그, 그 사람"이다. 그러나 위의 경우에 마을의 영웅일 때는 "그분"이라는 존칭어를 써서 "그분은 우리 마을의 영웅이십니다."라고 번역을 해주어야 한다.
다음의 예를 보자.

Ex. He is my father.

"He"는 영어에서 "그는" 또는 "그 사람"으로 읽힌다. 그러나 이 문장에서는 "나의 아버지"를 지칭하기 때문에 "그 분은 저의 아버지입니다."라고 존칭을 써서 번역을 해야 올바른 우리말이 된다.

i. 전문용어

전문용어는 특수한 분야의 외국 말을 세계적으로, 또 국가적으로 공통어로 쓰는 특수어를 찾아서 말을 옮겨 써주는 작업이다. 따라서 이런 전문용어를 만들어 모아서 저장해 놓는 국제기구들이 있다.
그래서 이 기구에는 수시로 특수한 전문용어들의 정보들이 수집되고 있다. 그러므로 번역가는 이런 기구들을 잘 이용하는 동시에 그런 기구들의 회의 모임 등에 참여하여 시시때때로 전문용어의 정보 교환을 하는 것이 바람직하다. 그리고 이 전문용어 번역의 경우는 특수한 학술 번역이므로 그 분야를 전공한 사람이어야만 정확한 번역이 가능하다. 하지만 이러한 국제기구들의 전문용어 은행만으로 모든 전문용어 번역의 문제가 다 해결되는 것은 아니므로 그 분야를 전공한 번역가는 끊임없이 전문용어 연구에 힘을 기울여야 할 것이다. 그리고 이런 경우 전문 학술서적 번역가들은 우선적으로 정부 공식 전문용어를 익히는 것이 필수이다. 예를 들어서 벨기에 같은 나라에서는 9개 언어권에 해당하는 정부공식 전문용어 기구가 있다. 그 외의 유럽에는 NATO Terminology Committee라는 국제 전문용어 기구가 있고, EDI FACTElectronic Data Interchange For Administration, Commerce and Trade등이 있어서 전문용어에 대한 토의와 공동연구들을 활발히 하고 있다. 전문용어의 통일화 작업은 점점 더 중요하게 인식되고 있으므로 우리나라의 전문용어 번역가들도 틈나는 대로 서적이나 잡지 등을 통해 해당 전문용어를 익히는 것이 급선무라고 하겠다. 그리고 우리나라에도 번역의 전문용어를 연구하는 단체나 기구가 하루 바삐 생겨나야 할 것이다. 그러면 이러한 전문용어의 예를 들어 보자.

영어에서 "silver industry(실버 산업)"은 영어단어 그대로 "은빛 산업"이라고 번역하면 안 된다. 이 말은 경제전문용어로서 국제적인 전문용어로, 그대로 앞의 단어를 원어로 써주고 산업이란 말만 우리말로 바꾸어 주면 된다.

그리고 또 다른 예로는 "glocalization(세계지역화 현상)"이 있는데, 이 말은 "globalization(세계화)"과 "localization(지역화)"가 합쳐진 말로서 사회학에서만 쓰는 전문용어인 것이다.

j. (……, : , ;……)

그 밖의 여러 가지 기호들은 우리나라 말에서의 사용법과 별로 다르지 않으므로 그다지 문제될 것이 없다.

k. 고유명사 표기법

각 언어권의 고유명사는 원어의 발음표기법에 준해서 써주는 것이 원칙이다. 그러나 현재 우리나라 문화부의 발음표기법 기준은 된소리 즉, "ㅆ", "ㄸ" 등의 표기가 금지 되어있다.

l. 로마자 표기법

과거의 모든 한글/한국어의 로마자 표기 방식 즉, 한글 학회안과 1997년 5월 문화부/국어 연구원 개정시안 등은 일제 식민통치 때 모음은 이태리어 발음 기준으로 하고 자음은 영어 발음 기준으로 설정하여 우리말과 잘 맞지 않아 제대로 되지 못하고 실패작으로 끝나버렸다.

이에 비하여 김복문 교수의 개발안은 발음 기준을 모음과 자음 모두 국제어와 마찬가지인 영어로 하여 실험을 거쳐서 제시한 것이기 때문에 거의 100%의 정확한 소리 옮김을 하고 있다. 그러므로 번역가는 로마자 표기법으로 다음 김복문 교수의 개발안을 번역할 때 적용해야 할 것이다. 그의 개별안은 정확한 성명과 역명, 도시, 군, 읍, 도로, 동명, 관광명소표기에서부터 한국어 문장작성, 회화까지 적용 활용이 가능하다.

그 개별안은 다음과 같다.

번 호	한 글	필자 개별안
1	ㅏ	AH
2	ㅑ	YAH
3	ㅓ	UR
4	ㅕ	YUR
5	ㅗ	OH(O—)
6	ㅛ	YOU(YO—)
7	ㅜ	OO
8	ㅠ	YOO
9	ㅡ	UH(U—)
10	ㅣ	EE(I—)
11	ㅐ	AE
12	ㅒ	YAE
13	ㅔ	EH(E—)
14	ㅖ	YEH(YE—)
15	ㅚ	WEA(WE—)
16	ㅘ	WAH
17	ㅙ	WAE
18	ㅝ	WHO(OOE—)
19	ㅟ	WEE(WI—)
20	ㅢ	UI

● 한글의 자음

번 호	한 글	필자 개별안		
			다음이 모음일 때	다음이 자음이거나 그것으로 끝날 때
1	ㄱ	G	G	K
2	ㅋ	K	K	K
3	ㄲ	KK	KK	K
4	ㄷ	D	D	T
5	ㅌ	T	T	T
6	ㄸ	TT	(—)	(—)
7	ㅂ	B	B	P
8	ㅍ	P	P	P
9	ㅃ	PP	(—)	(—)
10	ㅈ	J	J	T
11	ㅊ	CH	CH	T
12	ㅉ	TJ	(—)	(—)
13	ㅅ	S	S	T
14	ㅆ	TS	TS	T
15	ㅎ	H	H	(—)
16	ㅇ	(—)	NG—	T
17	ㄴ	N	N	T
18	ㄹ	R	R	T
19	ㅁ	M	M	NG
20	ㄳ	—	KS	N
21	ㄵ	—	NJ	L
22	ㄶ	—	NH	M
23	ㄺ	—	LG	K
24	ㄼ	—	LB	P
25	ㄻ	—	LM	M
26	ㄿ	—	LP	P
27	ㅀ	—	LH	L
28	ㅄ	—	PS	P

• 한글 기본 음절의 로마자 영문 표기 도표

모음 자음	ㅏ AH	ㅑ Yah	ㅓ Ur	ㅕ Yur	ㅗ Oh [O—]	ㅛ Oh [YO—]	ㅜ Oo	ㅠ Yoo	ㅡ Uh [U—]	ㅣ Ee [I—]	ㅐ Ae
ㄱ—G	Gah	Gyah	Gur	Gyur	Goh	Gyoh	Goo	Gyoo	Guh	Gee	Gae
ㄴ—N	Nah	Nyah	Nur	Nyur	Noh	Nyoh	Noo	Nyoo	Nuh	Nee	Nae
ㄷ—D	Dah	Dyah	Dur	Dyur	Doh	Dyoh	Doo	Dyoo	Duh	Dee	Dae
ㄹ—R	Rah	Ryah	Rur	Ryur	Roh	Ryoh	Roo	Ryoo	Ruh	Ree	Rae
ㅁ—M	Mah	Myah	Mur	Myur	Moh	Myoh	Moo	Myoo	Muh	Mee	Mae
ㅂ—B	Bah	Byah	Bur	Byur	Boh	Byoh	Boo	Byoo	Buh	Bee	Bae
ㅅ—S	Sah	Syah	Sur	Syur	Soh	Syoh	Soo	Syoo	Suh	See	Sae
ㅇ—	Ah	Yah	Ur	Yur	Oh	Yoh	Oo	Yoo	Uh	Ee	Ae
ㅈ—J	Jah	Jyah	Jur	Jyur	Joh	Jyoh	Joo	Jyoo	Juh	Jee	Jae
ㅊ—CH	CHah	CHyah	CHur	CHyur	CHoh	CHyoh	CHoo	CHyoo	CHuh	CHee	CHae
ㅋ—K	Kah	Kyah	Kur	Kyur	Koh	Kyoh	Koo	Kyoo	Kuh	Kee	Kae
ㅌ—T	Tah	Tyah	Tur	Tyur	Toh	Tyoh	Too	Tyoo	Tuh	Tee	Tae
ㅍ—P	Pah	Pyah	Pur	Pyur	Poh	Pyoh	Poo	Pyoo	Puh	Pee	Pae
ㅎ—H	Hah	Hyah	Hur	Hyur	Hoh	Hyoh	Hoo	Hyoo	Huh	Hee	Hae
ㄲ—KK	Kkah	Kkyah	Kkur	Kkyur	Kkoh	Kkyoh	Kkoo	Kkyoo	Kkuh	Kkee	Kkae
ㄸ—TT	Ttah	Ttyah	Ttur	Ttyur	Ttoh	Ttyoh	Ttoo	Ttyoo	Ttuh	Ttee	Ttae
ㅃ—PP	Ppah	Ppyah	Ppur	Ppyur	Ppoh	Ppyoh	Ppoo	Ppyoo	Ppuh	Ppee	Ppae
ㅆ—TS	Tsah	Tsyah	Tsur	Tsyur	Tsoh	Tsyoh	Tsoo	Tsyoo	Tsuh	Tsee	Tsae
ㅉ—TJ	Tjah	Tjyah	Tjur	Tjyur	Tjoh	Tjyoh	Tjoo	Tjyoo	Tjuh	Tjee	Tjae

모음 자음	ㅐ Yae	ㅔ eh [E—]	ㅖ Yeh [Ye—]	ㅘ wah	ㅙ wae	ㅚ Weh [We—]	ㅝ Who [Wo—]	NO Ooeh [ooe—]	ㅟ Wee [Wi—]	ㅢ ui
ㄱ—G	Gyah	Geh	Gyeh	Gwah	Gwae	Gweh	Gwoh	Gooeh	Gwee	Gui
ㄴ—N	Nyae	Neh	Nyeh	Nwah	Nwae	Nweh	Nwoh	Nooeh	Nwee	Nui
ㄷ—D	Dyae	Deh	Dyeh	Dwah	Dwae	Dweh	Dwoh	Dooeh	Dwee	Dui
ㄹ—R	Ryah	Ryeh	Ryeh	Rwah	Rwae	Rweh	Rwoh	Rooeh	Rwee	Rui
ㅁ—M	Myah	Myeh	Myeh	Mwah	Mwae	Mweh	Mwoh	Mooeh	Mwee	Mui
ㅂ—B	Byah	Byeh	Byeh	Bwah	Bwae	Bweh	Bwoh	Booeh	Bwee	Bui
ㅅ—S	Syah	Syeh	Syeh	Swah	Swae	Sweh	Swoh	Syooeh	Swee	Sui
ㅇ—	Ayh	Yeh	Uyeh	Ywah	Owae	Yweh	Owoh	Yooeh	Uwee	Eui
ㅈ—J	Jyah	Jeh	Jyeh	Jwah	Jwae	Jweh	Jwoh	Jyooeh	Jwee	Jui
ㅊ—CH	CHyah	CHeh	CHyeh	CHwah	CHwae	CHweh	CHwoh	CHyooeh	CHwee	CHui
ㅋ—K	Kyah	Keh	Kyeh	Kwah	Kwae	Kweh	Kwoh	Kyooeh	Kwee	Kui
ㅌ—T	Tyah	Teh	Tyeh	Twah	Twae	Tweh	Twoh	Tyooeh	Twee	Tui
ㅍ—P	Pyah	Peh	Pyeh	Pwah	Pwae	Pweh	Pwoh	Pyooeh	Pwee	Pui
ㅎ—H	Hyah	Heh	Hyeh	Hwah	Hwae	Hweh	Hwoh	Hyooeh	Hwee	Hee
ㄲ—KK	Kkyah	Kkeh	Kkyeh	Kkwah	Kkwae	Kkweh	Kkwoh	Kkyooeh	Kkwee	Kkui
ㄸ—TT	Ttyah	Tteh	Ttyeh	Ttwah	Ttwae	Ttweh	Ttwoh	Ttyooeh	Ttwee	Ttui
ㅃ—PP	Ppyah	Ppeh	Ppyeh	Ppwah	Ppwae	Ppweh	Ppwoh	Ppyooeh	Ppwee	Ppui
ㅆ—TS	Tsyah	Tseh	Tsyeh	Tswah	Tswae	Tsweh	Tswoh	Tsyooeh	Tswee	Tsui
ㅉ—TJ	Tjyah	Tjeh	Tjyeh	Tjwah	Tjwae	Tjweh	Tjwoh	Tjyooeh	Tjwee	Tjui

● 한국의 성씨姓氏의 로마자 표기 적용사례

구분 번호	한국인 성씨와 그의 발음	필자 개별안과 그 발음
1	姜(강)	강 Gahng
2	郭(곽)	곽 Gwahk
3	金(김)	킴 Kim
4	李(이)	이/리 Yee/Ree
5	朴(박)	박 Bark
6	方(방)	방 Bahng
7	尹(윤)	윤 Yoon
8	張(장)	장 Jahng
9	全(전)	전 Jurn
10	鄭(정)	정 Jurng
11	趙(조)	조 Joh
12	崔(최)	최 Chweh
13	黃(황)	황 Hwahng

● 로마자 표기를 적용한 문장 또는 말의 실례

〈상 정보商 情報〉

캐나다 정부 대 대만제 자전거 수입 9월 22일부터 부가관
세 $10.00 과세 발표. 신부가세는 현형관세율인 331/3 퍼
센트에 추가되는 것임.

Canada jurngboo dae daemahnjeh jahjurngur sooip 9wol
22il bootur boogah awahnseh $10.00 gwahseh bahlpyoh.
Sin boogahsehnun hyumhaeng gwahnsehyoorin 331/3
percent eh choogahdwehnun gursim.

위와 같이 번역가는 위의 도표에 따라 로마자 표기법을 써야 할 것이다.

재래식 한글의 로마자 표기 방식에 입각하여 역사책에 로마자로 표기된 인명과 지명의 사례를 몇 개 들어 보면 다음과 같다.

	발음부호	로마자표기	발음
군(郡)	[gun]	Kum	[kwn] 큰
금강산	[gwmgaŋsan]	Kumgangsan	[Kwmkænminkuk] 큼캥샌
대한민국	[dæhanminguk]	Tæganminkuk	[tæ'hæ'min'kuk] 태핸민국
안중근	[andzuŋgwn]	AnChung-Gun	[æn'twŋ'gwn] 앤층근

위에서처럼 종래의 로마자 표기법은 우리말과 맞지 않는 표기법인 것을 볼 수 있다. 그러므로 번역가는 정확하고 성실하게 새로운 김복순 교수의 개발안의 로마자 표기법으로 표기해야 할 것이다.

m. 도량형(길이, 무게, 넓이 등) 표기법

길이, 무게, 부피, 넓이 등은 국제 기준에 따라 환산해서 번역해 주어야 한다.

이상으로 우리는 현재 우리나라의 번역가들이 번역 작업 중 빈번히 범하는 오역들과 실수들에 대해서 반드시 알아야 할 문제들을 간단히 살펴보았다.

3 번역의 7단계 이론

그러면 이제부터는 번역학의 본격적인 번역 이론으로 들어가 볼까 한다. 여기에서는 앞서서 언급한 바와 같이 번역 이론들 중에서 가장 타당한 이론으로 널리 알려져 있는 프랑스의 번역학자 쟝뽈 비네와 쟝 다르벨네의 이론을 중심으로 기술할까 한다. 이 학자들은 기초 번역 기법을 7가지 단계로 보고 있다. 그리고 그 단계를 다음과 같이 나누고 있다.

> 언어의 차용법The loan-ward
>
> 모사법The copy ward
>
> 자귀적 번역법The literally translation
>
> 전위법The transposition
>
> 변조법The modulation
>
> 등위법The equivalence
>
> 번안법The adaptation

그러면 이 7단계의 번역 기법을 하나하나 간단히 쉽게 설명해 보기로 한다.

① **차용법**The loan-ward

번역기법에 있어서 차용법이란 문자 그대로 외국말 자체를 그대로 차용해서 우리말로 옮겨 쓰는 것을 말한다.

예를 들면 다음과 같다.

Ex. Cake 케익   Bulldozer 브르도자
    Suspense 서스펜스   OK 오케이
    Dollar 달라   party 파티
    Alcohol 알코올   hand bag 핸드백
    Permanent wave 파마   Fry pan 프라이팬

위의 예들 중에서 'perm'은 'permanent wave'를 줄인 말로 물결같이 구불거리는 머리를 영구적으로 한다는 말로, 영어 발음은 "펌"이다. 그러나 우리나라에서는 "파마" 혹은 "퍼머"라고 영어를 우리말로 그대로 가져와 영구적으로 오래 머리를 구불거리게 할 때 쓰고 있다.

'Fry pan' 역시 영어에서 넓고 얕은 둥그런 손잡이 달린 냄비를 뜻한다. 이것도 역시 우리말에 그대로 들여와서 "프라이팬"이라고 하여 주방에서 흔히 우리가 쓰는 둥그렇고 얕은 손잡이가 달린 냄비를 말한다.

다음과 같은 경우도 볼 수 있다.

Ex. Drive 드라이브   cup 컵
    Beach parasol 비치파라솔 golf 골프
    Pen 펜

② **모사법**The copy-ward

모사법은 외국 말을 모방해서 우리나라 말로 쓰는 것을 말한다. 즉, 외국어 식 표현의 우리나라 말인 것이다. 이 경우는 표현의 모방과 언어 구조상의 모방이 있을 수가 있다.

예를 들어 보자.

Ex. Good morning
좋은 아침

Merry Christmas and Happy new year.
즐거운 크리스마스와 희망찬 새해를 빕니다.

그리고 언어 구조상 모방의 예로는 다음과 같은 것이 있다.

Ex. Research library 학술도서관
Week-end 주말
Science-fiction 공상과학

③ **자귀적 번역법**The literaly translation

이 번역법은 외국어 글자를 똑같은 뜻의 우리나라 말로 그대로 옮겨 놓는 방법이다. 이 경우는 어원이 같은 말들과 문화가 비슷한 말들일 경우에 더욱 많이 행해진다고도 할 수 있다.

예를 들어 보자.

Ex. I   <u>go</u>   <u>to</u>   <u>school</u>.
나는 간다 에   학교
나는 학교에 간다.

<u>He</u>   <u>loves</u>   jude.
그는 사랑한다 쥬드를
그는 쥬드를 사랑한다.

I   <u>left</u>   <u>my</u> <u>spectacles</u> <u>on</u> <u>the</u> <u>table</u> <u>down</u> <u>stairs</u>.
나는 놓았다 내 안경을   위에 탁자   아래층
나는 아래층 탁자 위에 내 안경을 놓았다.

<u>This</u> <u>train</u>   <u>arrives</u>   <u>at</u>   <u>Union Station</u> <u>at</u>   <u>ten</u>.
이 기차는 도착한다 에   중앙역   에 10시
이 기차는 열 시에 중앙역에 도착한다.

<u>Where</u>   <u>are</u>   <u>you</u>?
어디에 있습니까 당신은
당신은 어디에 있습니까?

또한 다음의 예를 볼 수 있다.

Ex. He   looks   the door.
　　그는 쳐다본다 그 문을
　　그는 그 문을 쳐다본다.

위와 같이 영어의 원문의 단어 글자가 우리말에서도 그대로
똑같은 말로 번역되었다.
　이어 다음의 예를 본다.

Ex. I   know very well his   sister.
　　나는 안다 아주 잘 그의 여동생을
　　나는 그의 여동생을 아주 잘 안다.

위에서도 원문과 우리말의 단어 글자가 그대로 번역된 것을
볼 수 있다.
　다음의 예를 또 보기로 한다.

Ex. I   get up at 7°clock to   go to school.
　　나는 일어난다 에 7시 위해 가기 에 학교
　　나는 학교에 가기 위해 7시에 일어난다.

위 문장에서도 원문이 우리말로 그대로 똑같이 번역된 것을
볼 수 있다.
　다음의 예를 또 볼 수 있다.

Ex. I   gave 10 dollars   to   buy this magazine.
　　　나는 주었다 10달러를 위해 사기 이 잡지를
　　　나는 이 잡지를 사기 위해 10달러를 주었다.

위 경우도 원문 영단어들이 우리말로 그대로 번역되었다.

④ **전위법**The transposition

전위법이란 외국어 문장 속의 말을 우리나라 말로 번역했을 때, 외국어 문장의 단어가 문법적으로 품사가 바뀌는 것을 말한다. 즉, 단어의 뜻은 같지만 단어의 문법적인 성격이 달라지는 것을 말한다. 다시 말해서 외국어 문장에서의 동사가 우리말로 번역했을 때는 부사가 되거나 혹은 반대로 외국어 문장에서의 부사가 우리말로 번역했을 때 동사가 되거나 하는 등 단어의 품사가 변하는 경우를 말한다. 그리고 이 전위법에는 해도 되고 안 해도 되는 임의적인 전위법과 반드시 써줘야 하는 의무적인 전위법이 있다. 의무적인 전위법을 써야 하는 경우는 외국어 문장을 직역했을 때, 우리나라 말뜻과 잘 통하지 않고, 부자연스러울 경우라고 할 수 있다. 그러면 의무적인 전위법의 예를 들어 보기로 한다.

　　　Ex. He is filled with loneliness.
　　　　　그는 무척 <u>외롭다</u>.

여기에서 with loneliness는 문법상 전치사 with와 명사 loneliness가 합쳐진 것으로 전치사구가 되어 "외로움을 가지고"라는 뜻이나 우리나라 말로 옮겼을 때는 "외롭다"라는 형용사가 된다. 이 경우는 전치사구가 형용사로 변한 것으로 문법상 품사가 바뀐 예로 반드시 전위법을 써줘야 우리말로 자연스러운 경우이다.

Ex. He raced <u>over</u> the house.
　　그는 있는 힘을 다해서 집을 <u>한바퀴</u> 돌았다.

이 경우도 영어의 전치사 "over"가 우리말에서는 "한 바퀴"라는 명사로 변한 것을 볼 수 있다. 이때는 "위로"라는 영어의 전치사 "over"를 그대로 직역을 하면 우리말이 되지 않는다. 그러므로 반드시 전위법을 써서 번역을 해야 하는 경우라 하겠다.

또 다른 예를 보기로 한다.

Ex. He <u>flung</u> the door <u>open</u>.
　　그는 문을 <u>거칠게 열었다</u>.

위의 예에서 "flung(내던지다)"라는 영어의 동사가 우리말에서는 "거칠게"라는 부사가 되었고 "open(열린)"이란 형용사가 우리말에서는 "열었다"라는 동사로 품사가 바뀐 전위법의 예를 볼 수 있다. 이 경우의 전위법은 반드시 우리말로 위와 같이 문법적 품사를 바꾸어서 번역을 해줘야만 말이 되므로 의무적인 전위법으로 볼 수 있다.

또 다른 예를 들어보면 다음과 같다.

Ex. He made an early start to go home.

   그는 집에 가려고 일찍 <u>떠났다</u>.

　　위의 경우에도 영어의 명사 "start(출발)"이 우리말에서는 "떠났다"라는 동사로 변했다. 이 경우 역시 반드시 품사를 바꾸어서 번역을 해야 우리말이 된다. 그렇지 않고 영어문장을 그대로 직역해서 "그는 집에 가려고 이른 출발을 했다."라고 하면 부자연스러운 번역이 된다. 그러므로 이 경우도 번역가는 의무적인 전위법을 적용해야 하는 것이다.

　　또한 다음의 예도 볼 수 있다.

Ex. Already <u>one could hear</u> police sirens and ambulance
   bells.

   이미 경찰 사이렌 소리와 앰블란스 호출 소리가 <u>들렸</u>
   <u>다</u>.

　　여기에서 영어의 "one could hear"라는 절은 우리말 "들렸다"라는 동사가 된다. 이 경우에도 물론 직역으로 "누군가가 들을 수 있었다."라고 하면 우리말이 되지 않기 때문에 의무적인 전위법을 적용해서 번역을 해야 한다.

　　또 다른 예로 영어의 부사가 우리말로는 명사가 된 경우를 볼 수가 있다.

Ex. It is <u>popularly</u> supposed that—

　　대중은 —하게 생각한다.

　　위의 문장에서 영어의 부사, "popularly(일반적으로)"가 우리말로는 "대중"이란 명사로 바뀌었다.

　　또한 영어의 형용사가 우리말로 부사가 되는 경우를 다음에서 볼 수 있다.

Ex. The <u>full</u> purchase piece will be refunded.

　　구매 상품값은 <u>모두</u> 환불될 것이다.

　　위의 문장에서 영어의 형용사인 "full(가득한, 완전한)"이 우리말로는 "모두"라는 형용사로 전위된 것을 볼 수 있다.

　　또 다른 예를 보기로 한다.

Ex. He sheltered his cigarette in his <u>cupped</u> hand.

　　그는 손을 동그랗게 해서 담배를 <u>감쌌다</u>.

　　위의 경우는 영어의 형용사인 "cupped(컵 모양의)"가 우리말에서는 "동그랗게"라는 부사가 된 경우이다. 이런 경우는 반드시 전위법으로 바꾸어서 표현해야 우리말에 적합한 경우로 역시 의무적인 전위법에 속한다고 할 수 있다.

　　한편 흔히 쓰이는 말로 다음과 같은 예도 있다.

Ex. In the <u>early</u> XIXth centry—

9세기 초에—

위의 경우는 영어의 부사인 "early(일찍이)"가 우리말로는 "초"라는 명사가 된 경우이다. 이 경우도 반드시 바꿔서 표현해야 하는 경우라 할 수 있다.

그리고 또 다른 예를 다음과 같이 볼 수 있다.

Ex. It is <u>easy</u> to see you don't pay for the coal.

당신이 석탄값을 내지 않는다는 것을 쉽게 알 수 있다.

위의 경우는 영어의 형용사인 "easy(쉬운)"가 우리말로는 "쉽게"라는 부사로 변했다. 이 경우도 반드시 우리말 표현으로 바꿔줘야 하는 의무적인 전위법의 경우인 것이다.

그러나 다음의 경우는 임의적인 번역이 가능하다고 할 수 있는 것으로 전위법을 써도 되고 안 써도 되는 경우이다. 즉 외국말 문장을 직역했을 때 우리말과 뜻이 통하고 부자연스럽지 않은 경우이다.

예를 들어 보기로 한다.

Ex. He announced that <u>the president will leave</u>.

그는 사장의 출발을 알렸다.

여기에서 밑줄 친 "the president will leave(사장이 떠날 것이다)"는 문법적으로 볼 때 하나의 절이다. 이것이 우리나라 말에서는 "사장의 출발"이라는 명사구가 된 것이다. 그러나 원문 그대로 직역해서 "그는 사장이 떠날 것이라는 사실을 알렸다."라고 번역할 수도 있다고 하겠다.

Ex. The young woman is <u>walking</u> briskly away.
　　젊은 여자가 <u>힘찬 걸음걸이로</u> 멀리가고 있다.

이 경우 영어의 동사진행형 "walking"이 우리말에서는 "걸음걸이"라는 명사로 바뀐 것을 볼 수 있다. 그러나 이때는 원문 그대로 "젊은 여자가 힘차게 걸으면서 멀어져 가고 있다."라고 직역을 해도 우리말로 그다지 이상하게 느껴지지 않는다. 그러므로 이 경우는 임의적인 전위법의 경우로 전위법을 써도 되고 안 써도 되는 경우이다.

따라서 전위법은 그때그때 문장에 따라서 필수적인 전위법과 임의적인 전위법을 적용해야 하는 것이다.

또한 다음의 예를 볼 수가 있다.

Ex. Is this your first <u>visit</u>?
　　당신은 이번이 처음 <u>오시는 겁니까</u>?

이 경우 영어의 "visit(방문)"이 우리말에서는 "오시는 겁니까"라는 동사가 되어 버렸다. 그러나 이 경우에는 영어의 원문을 그대로 직역하여 "visit(방문)"을 그대로 살려서 "당신은 이번이 처음 방문이십니까?"라고 해도 우리말로 그다지 부자연스럽지가 않다. 그러므로 이 경우는 전위법을 써도 되고 안 써도 되므로 임의적인 전위법인 경우라 할 수 있다.

다음의 예를 또 들어 보기로 한다.

Ex. John felt the strange gaze all <u>around</u> him.
존은 자신을 둘러싸고 있는 이상한 시선을 느꼈다.

위의 경우 영어의 "around(주위에)"라는 전치사가 우리말의 "둘러싸고 있는"이란 형용사가 되었다. 그러나 이 경우에도 역시 직역을 해서 "존은 자기 온 주위에서 이상한 시선을 느꼈다."라고 해도 우리말이 되는 것이다. 그러므로 이 경우도 임의적인 전위법에 해당된다.

그리고 다음의 예도 볼 수 있다.

Ex. I could feel how <u>deeply he had committed himself</u>.
나는 <u>그의 관여 깊이</u>를 느낄 수 있었다.

이 경우도 역시 본문을 그대로 직역해서 "나는 그가 얼마나 깊이 관여했는지를 느낄 수 있었다."라고 해도 우리말로서 무리가 없는 표현이라 하겠다. 그러므로 이 경우도 역시 임의적인 전위법인 것이다.

간단한 예로 신문기사 같은 곳에서 다음과 같은 예를 볼 수도 있다.

Ex. Situation <u>still</u> critical.
　　　상황은 비관적으로 <u>그대로 있다</u>.

위의 경우는 그대로 직역해서 "여전히 비관적인 상황"이라고 번역해도 우리말로 어색하지 않다. 그러므로 이 경우도 전위법을 써도 되고 안 써도 되는 임의적인 전위법의 경우라 할 수 있다. 이 경우는 영어의 부사인 "still(아직, 여전히)"이 우리말에서는 동사로 변한 예라 볼 수 있다.

또한 다음과 같은 예를 볼 수가 있다.

Ex. The evening was <u>oppressively</u> warm.
　　　그날 저녁은 <u>찌는 듯한</u> 더위였다.

위의 예는 영어의 부사인 "oppressively(압제적인, 답답한)"가 우리말로는 형용사가 된 경우이다. 그러나 이 경우는 직역을 해서 "그날 저녁은 찌는 듯이 더웠다."라고 그대로 직역해도 우리말로는 이상하지 않으므로 전위법을 굳이 쓰지 않아도 되는 경우라 할 수 있다.

위와 같이 의무적인 전위법과 임의적인 전위법의 선택은 직역 가능성 여부에 따라 번역가가 그때그때 문장에 따라서 해주어야 하지만 대체로 문학적인 표현에서 의무적인 전위법을 써야 하는 경향이 있다고 하겠다.

다음의 경우는 의무적인 전위법의 경우이다.

Ex. He loves her <u>with</u> passion.

위 문장에서 with는 전치사요, passion은 명사로서 영어 문법상 전치사구를 이루고 있다. 그러나 번역은 원어를 그대로 직역해서, "정열을 가지고"라고 하면 우리말로 자연스럽지 않다. 그러므로 "열렬히"라고 번역해야 한다. 즉, "그는 그녀를 열렬히 사랑한다."라고 번역해야 하는 것이다. 그러므로 영어 문법상 전치사구가 우리말의 부사로 전위된 번역 기법이라 할 수 있다.

다음의 의무적인 전위법의 예를 또 볼 수 있다.

Ex. She went out <u>with her</u> room empty.

위 문장에서도 with를 사전적인 뜻인 "~를 가지고", 혹은 "~와 함께"라는 뜻으로 번역하면 부자연스럽다. 때문에 "with her room empty"의 전치사구를 "방을 비운 채"라고 번역하는 것이 자연스럽다. 그러므로 "그녀는 방을 비운 채 나갔다."라고 번역해야 한다고 볼 수 있다. 이는 영어의 전치사구가 우리말의 부사구로 변조된 번역 기법이다. 의무적인 전위법의 경우인 것이다.

다음의 경우를 또 보자.

Ex. <u>Feeling tired</u>, I will stay at home.

위 경우에도 "Feeling"을 진행형으로 직역해서 "피곤하고 있으므로"라고 번역하는 것은 부자연스러우므로, "피곤하니까"로 번역해서 "나는 피곤하니까 집에 있겠다."로 써야 한다. 이 경우는 영어의 분사가 우리말의 접속사로 변조된 경우로 의무적인 전위법에 해당된다.
또 다음의 간단한 예를 볼 수 있다.

Ex. She is <u>in her early teens</u>.

위의 경우에도 "~in her early teens"의 영어 전치사구를 직역해서 "~그녀의 10대 초반에 있다."라고 번역하면 부자연스럽다. 그러므로 "그녀는 <u>10대 초반이다</u>."라고 우리말의 형용사구로 표현해주어야 자연스럽다.
다음의 또 다른 예를 보자.

Ex. She felt <u>the mother rise</u> in her heart.

위의 경우에 영어의 원문을 직역해서 "~the mother rise"를 "어머니가 올라오는 것을"이라고 번역하면 무슨 뜻인지 잘 알 수 없다. 그러므로 "모성애"라고 원문 명사구를 명사로 바꾸어 번역해야 할 것이다. 즉, "그녀는 가슴 속에서 모성애를 느꼈다."라고 번역해야 한다. 이는 의무적인 전위법의 경우이다.

또 다른 간단한 예를 다음과 같이 볼 수 있다.

Ex. She was <u>deeply</u> impressed.

위의 경우 "deeply"는 영어의 부사이다. 그러나 직역해서 "깊게"라고 번역하면 부자연스러운 느낌을 준다. 그러므로 우리말은 형용사로 바꾸어서, "그녀는 깊은 인상을 받았다."라고 번역해야 자연스럽다. 의무적인 전위법이라 할 수 있다.

다음은 임의적인 전위법의 예를 보기로 하자.

Ex. He has a son <u>and he is very wise</u>.

위의 경우는 "~and he is very wise"라는 원문영어의 접속사절을 "그리고 그 아들은 매우 현명하다."라고 직역해도 크게 부자연스럽지는 않다. 그러나 "그는 <u>매우 현명한</u> 아들이 있다."라고 번역하면 더 바람직하다.

이러한 경우는 영어의 접속사절이 우리말의 형용사로 변조된 경우이다. 그러나 반드시 변조해서 번역해야 하는 것은 아니라고 할 수 있다. 즉, 임의적인 전위법이다.

다음의 경우를 또 볼 수 있다.

Ex. With the approach of sunset it becomes chilly.

위 문장에서는 "with"를 그대로 직역해서 "해가 기울어짐과 함께 싸늘해진다."라고 써도 되고, "해질녘이 되면서 싸늘해진다."라고 번역하면 더 자연스러우나 위 문장의 번역도 가능하다. 이는 영어 문장의 전치사구를 분사형으로 변조한 번역인데, 임의적 전위법의 경우라 하겠다.

우리는 다음의 예를 또 볼 수 있다.

Ex. <u>Anything</u> that he said was true.

위 문장에서 "anything(무엇)"이란 영어 명사는 우리말의 부사로 전위되어, "그가 말한 것은 모두 사실이었다."라고 번역된다. 그러나 위의 경우 직역해서, "그가 말한 것은 무엇이든지 사실이었다."라고 해도 무방하다. 그러므로 이 경우는 임의적 전위법이라 할 수 있다.

⑤ **변조법**The modulation

이 번역법은 원문을 번역할 때 번역가의 시점과 관점을 바꾸어서 우리나라 말로 표현하는 방법을 말하는 것이다. 그러므로 쉽게 풀이하면 원문의 뜻은 같으나 뜻이 통하도록 다른 말 표현방식을 취하는 것이라고 하겠다. 따라서 번역가의 원문에 대한 시점과 관점에 따라 문장 표현법이 달라지는 것이므로 전위법에서와 마찬가지로 직역가능성에 따라 의무적인 변조법과 임의적인 변조법이 있다.

이중 의무적인 변조법은 원문의 표현을 반드시 우리 관점의 말 표현으로 바꾸어 주어야 하는 경우이다.

예를 들어 보기로 한다.

Ex. <u>Take a break</u> in the rush.
<u>잠깐 쉬다</u>.

이 경우는 직역하면 "돌진에서 중단을 하다."이다. 그러나 이 말은 우리나라 말로는 역시 말이 안 된다. 그러므로 이 경우는 반드시 위와 같이 관점을 달리해서 우리말 표현으로 써 주어야 한다.

또 예를 들어보면 다음과 같다.

Ex. He <u>felt like</u> a pudding.
그는 푸딩을 <u>먹고 싶었다</u>.

여기에서도 "felt like"를 직역을 해서 "좋은 것 같이 느꼈다."라 고 하면 우리말이 되지 않는다. 그러므로 이럴 때는 관점을 바꾸어 표 현해서 "하고 싶었다."라고 해야 적절한 번역인 것이다.

또 다른 예를 들어보면 다음과 같다.

Ex. Cheap restaurants <u>are thin on</u> the ground.
싸고 좋은 식당들은 길에는 <u>많지 않다</u>.

위의 문장에서 영어의 "thin"은 보통 "얇다, 가늘다, 드문드문하다" 등의 뜻으로 여기에서 그대로 직역하면 우리말이 부자연스럽고 말이 되지 않는다. 그러므로 이 경우는 반드시 관점을 바꾸어 표현해서 위와 같이 번역을 해줘야 한다. 그러므로 위의 경우는 의무적인 변조법의 경우라고 볼 수 있다.

다음과 같은 재미있는 예를 또 볼 수 있다.

Ex. Give <u>a pint of</u> your blood.
당신 피를 <u>조금</u> 주십시오.

이 문장에서는 영어의 명사인 "pint(핀, 하찮은 것)"가 우리말에서 "조금"이란 변조법으로 번역된 경우이다. 이 경우는 반드시 위와 같이 변조를 해서 번역을 하지 않으면 직역으로는 우리말이 되지 않는 경우이므로 역시 의무적인 변조법의 경우에 해당된다.

또 다른 예를 다음과 같이 볼 수가 있다.

Ex. Troops can never <u>be expected to</u> fight on empty stomachs.
군인들에게 결코 빈 배로 싸울 것을 <u>요구할 수가</u> 없다.

위의 경우도 영어 문장 속의 "be expected to(기대될 수는)"를 그대로 직역하면 우리말이 어색하므로 반드시 위와 같이 변조법을 써줘야 한다.

또 다른 예를 보기로 한다.

Ex. You are quite <u>stranger</u>.
　　당신은 이젠 <u>잘 볼 수가 없군요</u>.

　위의 경우에도 영어 문장 속의 "stranger(이방인, 낯선 사람)"을 그대로 직역하면 우리말로는 어색하다.
　그러므로 이 경우도 반드시 위와 같이 변조법을 써서 번역을 해야 한다. 그리고 다음과 같은 예도 볼 수도 있다.

Ex. He cleared <u>his throat</u>.
　　그는 <u>목소리를</u> 가다듬었다.

　위의 경우에도 영어 문장 속의 "throat(목)"을 직역을 해서 번역하면 우리말이 될 수가 없다. 그러므로 역시 변조를 해서 위와 같이 번역을 해야만 하는 경우라 할 수 있다.
　또 다른 예를 들어 본다.

Ex. He read the book from <u>cover to cover</u>.
　　그는 그 책의 <u>첫페이지부터 마지막페이지까지</u> 다 읽
　　었다.

　위와 같은 경우도 영어의 "cover to cover(겉장부터 겉장까지)"

를 그대로 직역하면 우리말이 되지 않는다. 그러므로 이 경우도 반드시 변조를 해서 번역해야 한다.

또 다른 예를 보기로 한다.

Ex. His clothes hung loosely around him.
그는 옷을 아주 헐렁하게 입고 있었다.

위의 경우에도 영어문장을 직역을 해서 "그의 옷이 그의 주위로 느슨하게 걸려있었다."라고 번역하면 우리말이 되지 않는다. 그러므로 이 경우도 반드시 변조법을 써서 번역을 해야 하는 경우이다.

다음의 예를 또 들어 보기로 한다.

Ex. He had a hunch that all was not well.
그는 뭔가 좋지 않은 것을 느꼈다.

위의 경우도 역시 영어문장을 직역하면, "그는 전체적으로 좋지 않은 어떤 덩어리를 갖고 있었다."인데 이 말은 우리말이 되지 않는다. 그러므로 이 경우도 필수적으로 변조법을 써야 하는 의무적인 변조법의 경우라고 할 수 있는 것이다.

또 다른 예를 들어 볼 수 있다.

Ex. I went there with small hope of his help.
나는 그의 도움을 받을 것을 큰 기대를 하지 않고 그

곳에 갔다.

위의 경우에도 영어문장 속의 "with small hope of(작은 희망을 가지고)"를 그대로 직역하면 우리말로는 부자연스러운 말이 된다. 그러므로 이 경우도 역시 변조를 해서 번역을 해 주어야 한다.

다음의 예를 또 보자.

Ex. He earns <u>an honest dollar</u>.
　　그는 <u>정직하게</u> 생활비를 번다.

위의 문장도 직역하면 영어의 "an honest dollar"가 "정직한 달러"가 된다. 그러므로 "그는 정직한 달러를 번다."로 번역이 되므로 우리말로는 부적합한 표현이다. 그러므로 반드시 위와 같이 변조를 해서 번역해 줘야 한다.

또 다른 예로 다음과 같은 경우가 있는데 이런 경우야말로 특히 유의해야 하는 경우라고 할 수 있다.

Ex. <u>Trade</u> followed the flag.
　　군인들이 상인들로 바뀌었다.

위의 경우는 상징적인 의미의 경우로 직역을 하면 우리말로는 전혀 말이 안 되는 경우이다. 그러므로 이런 경우는 정확히 뜻을 파악한 후 반드시 변조를 해서 번역해야 한다는 것을 잊지 말아야 할 것이다.

위와 비슷한 경우로 다음과 같은 예를 볼 수 있다.

Ex. He plays second fiddle to him.
　　그는 단역을 맡고 있다.

위의 경우에도 영어의 "second fiddle"을 직역해서 "제2 바이올린"이라고 번역하면 무슨 말인지 전혀 알 수 없는 문장이 되므로 뜻을 잘 파악해서 상징적으로 그 뜻을 나타내는 변조법으로 번역을 해주어야 하는 것이 중요하다.

또 다른 예를 하나 더 들어 보기로 한다.

Ex. The whiteman's burden.
　　문명의 짐

위의 경우도 영어 "white man"을 직역해서 "백인"이라고 하면 이해할 수 없는 말이 되고 만다. 그러므로 이런 경우도 정확하게 의미를 파악해서 그 뜻을 전달하는 변조법을 써서 번역해야 한다. 이렇듯 특히 상징적인 의미의 변조법을 쓸 경우는 특히 번역가가 유의해야 한다.

간단한 예를 다음과 같이 볼 수 있다.

Ex. Wet paint.

위 글을 직역하면, "젖은 페인트"라고 할 수 있다. 그러나 이 경우는 젖은 페인트이니 주의하라는 뜻이다. 때문에 "칠 주의."라고 변조하여 번역해 주면 이해하기 쉽다. 그러므로 이 경우는, 의무적인 변조법인 것이다.

흔히 쓰는 말로 다음의 경우를 볼 수 있다.

Ex. If one is <u>out of sight</u>, one is <u>out of mind</u>.

위 경우는 "사람은 자주 만나지 않으면, 정이 멀어진다."라고 번역이 된다. 그러나 "사람은 눈에서 없어지면, 마음도 없어진다."라고 직역하면 무슨 뜻인지 어색하다. 그러므로 변조법을 써서 번역해야 한다. 의무적인 변조법인 경우라 하겠다.

다음의 경우를 또 볼 수 있다.

Ex. She was <u>the last</u> woman to tell a lie.

위 경우는 직역하면 "그녀는 거짓말 할 수 있는 마지막 여인이었다."이다. 이는 영어원문의 "last"를 "마지막"으로 번역한 것이다.

그러나 이 번역은 무슨 뜻인지 잘 이해되지 않는다. 따라서 변조법을 써서 "그녀는 결코 거짓말을 하지 않았다."라고 번역을 해줘야 이해할 수 있는 말이 된다. 이는 "마지막 여인"이 결국 "가능성이 적은"이란 뜻이므로, "결코 하지 않았다."라는 말로 관점을 달리해서 번역해야 하는 경우로 의무적인 변조법의 경우라 하겠다.

다음의 경우를 또 볼 수가 있다.

Ex. He is <u>far from</u> being afraid of mice.

위 문장을 직역하면, "그는 쥐를 두려워하는 것으로부터는 멀리 있다."라고 할 수 있다. 그러나 이 말은 매우 듣기가 거북하다. 그러므로 변조법을 써서 "그는 쥐를 전혀 무서워하지 않는다."라고 번역해야 한다. 의무적인 변조법에 속한다고 볼 수 있다.

간단한 예로는 다음의 경우를 볼 수 있다.

Ex. Let's keep <u>our eyes peeled</u>.

위 문장을 직역하면, "우리의 눈을 벗겨진 상태로 둡시다."이나 관점을 달리하면 눈을 뜬 상태로 둔다는 의미로, "우리의 눈을 크게 뜨고 잘 보십시다."라고 번역되어야 한다. 그러므로 이 경우도 의무적인 변조법이다.

또 다른 예를 다음과 같이 볼 수 있다.

Ex. He got here at 9:00 a.m. <u>on the nose</u>.

위 문장을 직역하면 "그는 여기에 오전 9시 코앞에 왔다."가 된다. 그러나 우리말로는 뜻이 잘 전달되지 않는다. 그러므로 코앞이란 말을 변조하여, "그는 정확히 오전 9시까지 여기에 왔다."라고 번역해야 자연스러운 우리말이라 할 수 있다.

다음의 예를 또 볼 수가 있다.

Ex. He <u>lost his shirt</u> from stock investments.

위 문장도 직역하면, "그는 주식투자로 셔츠를 잃어 버렸다."
가 된다. 그러나 그렇게 번역하면 무슨 말인지 모르게 된다. 그러므로
변조하여, "그는 주식투자로 빈털터리가 되었다."라고 번역해야 한다.
이도 의무적인 변조법의 경우라 하겠다.

이제까지는 변조법을 반드시 해줘야 하는 의무적인 변조법을
살펴보았다. 그러면 다음은 임의적인 변조법의 예들을 같이 살펴보
자.

Ex. It is not difficult to show that picture.
그 사진을 보여 주기는 쉽다.

이 번역에서 원문을 직역하면 "그 사진을 보여주는 것은 어렵
지 않다."이다. 그러나 "쉽다"라고 표현해도 원문의 뜻은 마찬가지이
다. 그러나 그대로 직역하여 "어렵지 않다."라고 표현하는 것도 가능
하기 때문에, 이 경우는 임의적인 변조법의 경우라 할 수 있다.

또 예를 들어보면 다음과 같다.

Ex. There is no smoke without fire.
　　연기는 반드시 불에서 나온다.

　이 경우에도 위와 같이 변조법을 써서 의역을 해도 좋지만, 그대로 "불 없이는 연기가 안 나는 법이다."라고 번역해도 그렇게 부자연스러운 말은 아니다. 따라서 이때에는 두 가지 번역이 모두 가능하다고 할 수 있는 임의적인 변조법의 경우라고 볼 수 있다.
　또 다른 예로 다음과 같은 경우를 흔히 볼 수 있다.

Ex. His attendance record was not very good.
　　그는 결석을 자주했다.

　위의 문장에서도 직역을 하면 "그의 출석률은 그렇게 좋지는 않았다."이다. 우리말로도 그다지 어색하지 않으므로 직역을 해도 무방한 경우라 할 수 있다. 이 경우는 관점을 바꾸어서 변조법을 써도 되고 안 써도 되는 경우라 할 수 있다. 따라서 이 경우는 임의적인 변조법 사용의 경우라 할 수 있다.
　다음의 예도 또한 마찬가지 예라고 할 수 있다.

Ex. He has not done much work for the stage.
　　그는 무대를 위해서 조금밖에 일을 하지 못했다.

　위의 경우에도 영어문장을 그대로 직역하면 "그는 무대를 위해서 일을 많이 하지 못했다."이다. 이 경우도 직역한 표현이 우리말로도 그다지 이상하지 않으므로 변조법을 꼭 써서 번역하지 않아도 되는 경우라 할 수 있다.

또 다른 예를 보자.

Ex. His attention span had become short.
그는 오랫동안 주의를 기울이지 못했다.

위의 경우도 영어문장을 직역하면, "그의 주의 기간은 짧았다."이다. 이 경우도 우리말로 그다지 이상하지 않다. 그러므로 변조법을 써도 되고 안 써도 되는 임의적인 변조법의 경우라 할 수 있다.

우선 간단한 예를 다음과 같이 볼 수 있다.

Ex. The line is busy.

위의 경우는 "전화선이 바쁘다."라고 직역이 된다. 그러나 "전화선이 통화 중이다."라고 번역하면 더 자연스러운 우리말이 된다고 할 수 있다. 이 경우는 직역을 해도 그다지 부자연스럽지 않으므로 임의적인 변조법이라 할 수 있다.

다음의 예도 보자.

Ex. A civilization gone with the wind.

위 경우를 직역하면, "문명은 바람과 함께 사라진다."가 된다. 그러나 "문명은 어느덧 사라지고 마는 것이다."라고 번역하면 더 자연스럽다고 할 수 있다. 이 경우는 직역해도 우리말이 그다지 이해되지 않는 경우는 아니다. 그러므로 이 경우는 변조를 해도 되고 안 해도 되는 경우인 것이다.

다음의 간단한 예를 또한 볼 수 있다.

Ex. I can feel it <u>in my bones</u>.

위 경우도 직역하면 "나는 그걸 뼈 속까지 느낄 수 있다."가 되겠다. 그러나 "나는 그걸 확신할 수 있다."라고 번역하면 더 자연스러운 우리말이 된다. 하지만 직역을 해도 뜻이 통하는 우리말이라 할 수 있으므로 이 경우도 임의적인 변조법 사용의 경우라 할 수 있다.

다음의 경우를 또 볼 수 있다.

Ex. I found out that he was <u>lining his own pockets</u>.

위 문장도 직역하면 "나는 그가 자신의 주머니를 채우는 걸 발견했다."이다. 주머니를 채운다는 것은 돈으로 채운다는 뜻으로 볼 수 있다. 그러나 역시, "나는 그가 돈을 횡령하는 걸 발견했다."라고 번역하면 더 자연스러운 우리말이 된다. 하지만 직역을 해도 같은 뜻의 우리말이 되므로 이 경우도 임의적인 변조법의 경우라 할 수 있다.

다음의 경우를 또 보기로 한다.

Ex. Ten dollars is <u>not to be sneezed at</u>.

위 경우를 직역하면 "10달러는 재채기를 해서는 안 된다."이다. 그러나 변조법을 써서, "10달러는 무시해서는 안 되는 액수다."라고 보다 알아듣기 쉽게 번역할 수 있다. 그러나 위 직역의 "재채기를 해서는 안 된다."는 우리나라 말 "코웃음을 쳐서는 안 된다."와도 통한다. 그러므로 위 경우 문장도 변조법을 쓰지 않아도 무리가 없어 임의적인 변조법의 경우라 할 수 있겠다.

다음의 경우를 또 보자.

Ex. He will try to throw dust in your eyes.

이 문장도 직역하면 "그는 너의 눈에 먼지를 씌우려고 하고 있어."이다. 즉, 눈앞을 잘 못 보게 한다는 뜻이다. 이 문장도 변조법을 써서 더 자연스럽게 표현하면, "그는 너를 속이려고 하고 있어."라고 할 수 있다. 그러나 직역을 해도 뜻이 통하는 우리말이 되므로 임의적인 변조법의 경우라 할 수 있다.

이상으로 번역의 7단계 이론 중 번역할 때 시점과 관점을 변경해서 번역을 해주는 변조법 기법을 살펴보았다. 이제부터는 번역의 7단계 이론 중 등위법에 대해서 보기로 한다.

⑥ 등위법The equivalence

등위법이란 2개의 다른 언어에서 똑같은 상황의 말을 문장 구조나 문체가 전혀 다른 표현으로 번역하는 것을 말한다. 그 흔한 예가 속담, 격언 등이나 감탄사나 간투사이다.

예를 들어 보자.

Ex. Too many cooks spoil the broth.
사공이 많으면 배가 산으로 올라간다.

이 경우 영어 문장의 속담을 직역하면 "요리사가 너무 많으면 묽은 수프를 망친다."이다. 이 말은 어떤 일에 지휘자가 너무 많으면 일이 망쳐진다는 것이다. 이 상황에 맞는 우리나라 속담은 위에서 말한 대로 사공이 너무 많으면 배가 가는 길을 망친다는 뜻으로 역시 어떤 일에 지휘자가 많으면 안 된다는 속담이 해당된다. 또 다른 예로는 연말연시의 인사말도 같은 뜻이나 전혀 다른 표현의 말을 써서 등위법을 적용하게 되는 경우가 있다.

Ex. Greeting of the season.
새해 복 많이 받으십시오.

위의 경우 영어 표현은 계절의 인사말로 직역을 하면 "이 계절 인사드립니다."라고 할 수 있으나 우리말의 경우는 위와 같이 써주는 것이 그 상황에 맞는 같은 뜻의 표현이라고 할 수 있다.

그리고 또 다른 예를 보기로 한다.

Ex. Habit is the second nature.
　　버릇은 천성이 된다.

위의 영어 속담을 직역하면 "습관은 제2의 천성이다."이다. 이 속담에 상응하는 우리말 속담은 위와 같다. 따라서 두 문장이 뜻은 같으나 서로 표현을 다르게 하는 것을 알 수 있다.
또 다른 예를 보자.

Ex. Seeing is believing.
　　백 번 듣는 것이 한 번 보는 것만 못하다.

위의 문장도 영어문장을 그대로 직역하면, "보는 것이 믿는 것이다."이다. 이는 듣는 것보다 실제로 보는 것이 중요하다는 뜻의 속담이다. 이 경우도 뜻은 같으나 표현이 전혀 다른 경우에 속한다. 즉, 상황은 같으나 표현이 다른 경우로 등위법을 써준 것이다.
다음과 같은 예를 또 들어 보기로 한다.

Ex. Out of sight, out of mind.
　　멀면 정도 멀어진다.

이 경우도 흔히 쓰는 속담으로 영어 문장을 직역하면, "눈에 보이지 않으면 마음도 없어진다."이다. 이도 역시 표현은 다르지만 뜻은 같은 뜻으로 번역을 할 때는 그에 해당하는 우리나라 속담을 써줘야 한다.

또 다른 예를 보자.

Ex. Not to able to see the wood for the trees.
사슴을 쫓는 자는 산을 보지 못한다.

위의 경우는 작은 일에 마음을 빼앗기면 큰일을 그르친다는 속담이라 할 수 있다. 그래서 영어의 원문을 직역하면, "나무 때문에 숲을 보지 못한다."임으로 같은 뜻의 우리말 속담을 위와 같이 써줘야 한다.

또 다른 예를 들어 보기로 한다.

Ex. Walls have ears.
낮말은 새가 듣고 밤말은 쥐가 듣는다.

위의 영어 속담도 직역하면 "벽도 귀를 가지고 있다."이다. 그러므로 말조심을 하라는 뜻의 우리나라 속담을 위와 같이 써주어야 한다.

다음과 같은 예를 보기로 한다.

Ex. Bad ware is never cheap.

  싼 것이 비지떡이다.

위의 문장에서도 영어문장을 직역하면, "저가품은 결코 싼 것이 아니다."이다. 그러므로 같은 뜻의 우리말 속담을 써주어야 한다. 또 다른 예를 들어 본다.

Ex. He that never did one thing ill can never do it well.

  실패는 성공의 어머니이다.

위의 영어속담도 직역하면 "어떤 일을 잘못 해보지 아니한 자는 결코 그것을 잘 할 수 없다."이다. 그러므로 위와 같이 같은 뜻의 우리말 속담을 써주어야 한다.

또한 다음의 예를 볼 수도 있다.

Ex. Step after step goes far.

  천리 길도 한 걸음부터 시작된다.

위의 영어문장도 역시 직역하면, "한걸음 한걸음이 멀리 간다."이다. 따라서 위와 같이 그 뜻에 해당하는 우리말 속담을 써주어야 한다.

또 다른 좋은 속담의 예를 들어 보기로 한다.

Ex. To preserve friendship let there be a wall between.
　　친할수록 예의를 지켜라.

　　위의 영어문장도 직역하면, "우정을 지속하기 위해서는 사이에 울타리를 쳐라."이다. 따라서 이 뜻과 같은 우리말 속담을 위와 같이 써주어야 한다.

　　또 다른 예를 들어 본다.

Ex. He that hunts two hares loses both.
　　토끼 둘을 잡으려다가 하나도 못 잡는다.

　　위의 문장을 직역하면 "토끼 둘을 잡으려다가 둘 다 놓친다."이다. 이 경우는 우리말 속담과 비슷하나 역시 우리말 속담으로 써주는 것이 더 자연스러운 번역이라고 할 수 있다.

　　다음의 예를 또 볼 수가 있다.

Ex. Standing pools gather filth.
　　흐르는 물은 썩지 않는다.

　　위의 영어속담을 직역하면, "물이 괸 못에는 오물이 모인다."이다. 이 경우는 우리말 속담과는 표현은 반대이나 뜻은 같다. 그러므로 이 경우도 역시 우리말 표현으로 써주는 것이 올바른 번역이라고 할 수 있다.

또 다른 재미있는 속담으로는 다음과 같은 예를 들 수가 있다.

Ex. Little head great wit.
    작은 고추가 맵다.

위의 영어문장도 직역하면, "작은 머리에 큰 지혜"이다. 그러므로 뜻이 같은 우리말 속담을 위와 같이 써주면 좋다.
이 외에 감탄사와 간투사의 경우를 예로 들자면 다음과 같다.

Ex. Oh
    아! (놀라움을 나타내는 감탄사)

또 다른 예를 들어보면 다음과 같다.

Ex. Ouch(아우츄)
    아야!

위의 경우는 아플 때 나오는 소리를 뜻하는데, 영어는 "아우츄"로 발음이 되지만 우리말에서는 아플 때 내는 소리로 위와 같이 써줘야 한다. 따라서 상황은 같지만 전혀 다른 말로 표현하는 것으로 결국 뜻은 같은 뜻이 되는 것이므로 등위법에 해당한다고 볼 수 있다. 이처럼 간투사와 감탄사의 경우도 뜻이 같은 우리말 표현을 써주면 되는 것이다.

또한 속담의 흔한 예로 다음의 경우를 더 볼 수가 있다.

Ex. Many hands make light work.

위 경우는 원문의 직역이 "많은 손이 가벼운 일을 만든다."이다. 이 경우는 같은 뜻의 우리말 속담을 똑같이 써서 "백지장도 맞들면 낫다."라고 번역하는 경우로, 같은 뜻의 말이지만 문장 구조나 문체가 전혀 다른 표현 번역 기법인 등위법을 사용한 것이다.
다음의 경우를 또 찾아 볼 수 있다.

Ex. Match made in heaven.

위 문장도 직역하면 "연분은 하늘에서 만들어 진다."라고 할 수 있다. 그러므로 이 경우는 우리말의 "천생연분"이란 말과 뜻이 통하므로 등위법에 의해 번역해주면 올바른 번역이 된다.
다음의 경우를 또 볼 수 있다.

Ex. Mend the barn after the horse is stolen.

위 영어문장도 직역하면 "말 잃어버린 후에 외양간 고친다."이다. 이 경우는 우리말에도 "소 잃고 외양간 고친다."처럼 영어 원문과 똑같은 뜻의 속담이 있으므로, 등위법을 써서 우리말 속담을 써주면 올바른 번역이 된다.

그리고 또 다른 예를 다음과 같이 볼 수 있다.

Ex. Misfortunes never come single.

위 원문도 직역하면 "불행은 결코 혼자 오지 않는다."라고 할
수 있다. 이 경우도 우리말에 흔히 쓰는 "설상가상"이란 말이 있다.
즉, 불행이 겹쳐 온다는 뜻이다. 그러므로 등위법을 써서 우리말로 표
현해 주면 올바른 번역이 된다.
다음의 경우도 찾아 볼 수 있다.

Ex. More haste, less speed.

이 경우도 직역하면 "서둘러야 할수록 속도를 늦춰라."라는 뜻
이 된다. 이는 우리말에 "바쁠수록 돌아가라."라는 똑 같은 뜻의 표현
이 있다. 그러므로 등위법을 써서 우리말을 써주면 되는 것이다.
다음의 경우를 또 볼 수가 있다.

Ex. My eyes are bigger than my stomach.

위 원문을 직역하면 "내 눈이 배보다 더 크다."라고 할 수 있
다. 즉, 눈으로 보는 것이 배꼽보다 더 크다는 뜻이다. 이 경우에도 우
리말에, "배보다 배꼽이 더 크다."라고 하는 말이 있다. 그러므로 이
경우도 등위법을 써서 우리말을 쓰면 같은 뜻의 말로 번역이 된다.

흔히 쓰이는 다음의 경우도 볼 수 있다.

Ex. Naked came we into the world and naked shall we
depart from it.

위의 원문도 직역해 보면 "우리는 아무것도 걸치지 않고 세상
에 와서 아무것도 걸치지 않고 세상을 떠난다."라고 할 수 있다. 이 경
우도 우리말 "빈손으로 와서 빈손으로 떠난다."라는 영어원문의 뜻과
똑같은 표현이 있다. 그러므로 이 경우에도 등위법으로 우리말을 써
서 번역해 주면 되는 것이다.

다음의 경우도 찾아 볼 수 있다.

Ex. Near neighbor is better than a distant cousin.

위 문장도 직역하면 "가까운 이웃이 먼 사촌보다 낫다."라고
할 수 있다. 이 경우도 우리말에 간단히, "이웃사촌"이라는 말이 있다.
즉, 가까이 사는 사람이 친척사촌이나 마찬가지이지 먼 거리의 사촌
은 진정한 친척사촌이 되지 못한다는 뜻이다. 그러므로 이 경우에도
등위법을 써서 우리말 표현을 써주면 되는 것이다.

다음의 경우도 흔히 쓰이는 말의 경우이다.

Ex. Necessity is the mother of invention.

위의 영어문장도 직역하면, "필요는 발명의 어머니이다."라고 할 수 있다. 우리말에는 "궁하면 통한다."라는 표현이 있다. 이 경우도 영어 문장과 같은 뜻으로, 필요할 때면 생각을 해내기 마련이라는 뜻 이다. 그러므로 같은 뜻의 우리말을 등위 법으로 써주면 되는 것이다.

또 다른 예를 다음과 같이 볼 수가 있다.

Ex. Necessity knows no law.

위 문장도 직역하면 "필요는 법을 모른다."라고 할 수 있다. 즉, 필요할 때면 법이 없다는 뜻이다. 이 경우도 "사흘 굶어 도둑질 안 할 사람 없다."라는 영어문장과 똑같은 뜻의 우리말 표현이 있다. 그 러므로 이 경우에도 등위법을 써서 번역해주면 되는 것이다.

다음의 간단한 예를 볼 수가 있다.

Ex. Never too old to learn.

위 영어원문도 직역하면, "배울 수 없을 정도로 늙는 경우는 없다."라고 할 수 있다. 즉, 사람은 나이에 상관없이 배울 수 있다는 뜻이다. 이 경우도 "배움에는 나이가 없다."라는 같은 뜻의 우리말이 있다. 그러므로 이 경우도 등위법을 써서 번역해주면 된다.

또한 다음의 예도 볼 수 있다.

Ex. News travels fast.

위 문장을 직역하면 "소식은 빨리 여행을 한다."이다. 그러나 이 경우, 우리말 "발 없는 말이 천리 간다."가 있으므로 등위법을 써서 우리말로 번역을 해주면 된다.

다음의 간단한 예를 또 보자.

Ex. No cross, no crown.

위 문장을 직역해보면 "건너가지 않고 왕관은 없다."라는 뜻이 된다. 즉, 장애물을 헤쳐가지 않고는 영광이 없다는 뜻이다. 이 경우도 우리말에 "고생 끝에 낙이 온다."라는 같은 뜻의 속담이 있다. 그러므로 이 경우도 등위법 기법으로 우리말을 써주어 번역하면 된다.

다음의 예를 또 볼 수 있다.

Ex. No man goes carelessly by a place where profit lips.

위 영어문장도 직역하면 "이득이 있는 곳을 소홀히 지나가는 사람은 없다."가 된다. 이 말도 같은 뜻으로 "참새가 방앗간을 그냥 지나치지는 않는다."라는 우리말 속담이 있다. 그러므로 이 경우도 등위법을 써서 우리말로 번역하면 된다.

다음의 예를 또 볼 수 있다.

Ex. No news is good news.

위 문장을 직역하면 "소식이 없는 것이 좋은 소식이다."가 된다. 이 경우에도 우리말에 "무소식이 희소식."이라는 표현이 있다. 그러므로 등위법을 써서 우리말로 써주어야 자연스러운 우리말 번역이라 할 수 있다.

이 외에 등위법에 있어서 간투사의 경우는, 그리 크게 문제가 되지 않으나 속담일 경우에는 원문의 속담이 우리나라 말에는 없는 경우가 있다. 이 경우에는 원문을 그대로 번역하고 나서 괄호를 하고 주를 달아서 그 속담의 뜻을 설명해 주어야 한다. 그러면 이번에는 번역법의 마지막 단계인 번안법을 보기로 한다.

⑦ **번안법**The adaptation

이 번역법은 번역 방법에 있어서 가장 중요하다고 할 수 있는 방법이다. 번역가가 궁극적으로 이 번역법을 얼마나 잘 적용하느냐에 따라서 번역이 얼마나 잘 되느냐가 판가름되기 때문이다. 그러므로 어떤 번역 학자들은 "번역이란 결국 번안이다."라고도 말하고 있다. 그러므로 번역가들은 이 번안법에 특히 주의를 기울여야 한다.

번안법이란 문화적으로나 사회적으로 볼 때 외국어 문장내용의 상황이 우리 문화와 어법에는 그 상황자체가 없는 경우에 적용하는 번역법이다. 그렇기 때문에 이 경우에 번역가는 가장 어려움을 겪는다. 번역가가 우리 문화에는 없는 상황의 원문을 자신의 역량에 따라 그와 비슷한 상황과 의미의 우리말로 대체시켜주는 번역을 해야 하므로 단순한 번역작업을 뛰어 넘어 창작의 영역에 이르러야 한다고 볼 수 있다. 그러므로 궁극적으로 좋은 번역을 하려면 바로 이 번안법을 잘 적용해야 하는 데 그 관건이 달려 있다. 이러한 번안법을 적용해야 하는 경우는 각 언어권에 따라서 다양하다고 하겠으나, 영어에서 흔히 번안법을 적용시켜야 하는 예들을 지금부터 들어볼까 한다.

Ex. Good afternoon!
안녕하세요!

미국에서는 아침, 점심, 저녁 누군가를 만날 때 그때마다 인사말이 각각 다르다. 그러나 우리나라 말은 그렇지 않다. 언제나 똑같이 "안녕하세요."이다. 위의 경우도 직역해서 "좋은 오후입니다"라고 번역하면 우리나라 말과 습관에는 없는 표현의 말이 된다. 그러므로 이럴 때는 우리 식으로 대신하는 말을 적절하게 써주어야 한다.
또 다른 예로는 다음과 같은 것이 있다.

Ex. Let's go for a brunch today.
우리 오늘 아침 겸 점심 먹으러 가자.

"brunch"는 미국에서 아침과 점심시간 사이 오전에 아침 겸 점심을 먹는 것을 말한다. 그러나 우리나라는 그런 습관이 없으므로 위와 같이 이해가 가는 말로 바꿔주어야 한다.
다른 예로는 흔히 영어에서 쓰는 인사말 "Hi!"가 있다. 이 경우는 사람을 만났을 때나 약간 놀라운 때 쓰는 말이라고 하겠다. 따라서 모르는 사람에게도 쓸 수 있는 말이다. 그러나 우리나라 생활습관에서는 모르는 사람에게 그런 말들을 쓰지 않기 때문에, 그런 경우 상황에 따라서 적절하게 우리말을 써주어야 한다. 즉, 경찰이 쫓던 도둑을 골목에서 찾아냈을 때는 다음과 같이 번역을 해야 한다.

Ex. Hi!
    여기 있군!

그러나 사람이 드문 길에서 낯선 사람을 만났을 때는 다음과 같이 번역을 해야 할 것이다.

Ex. Hi!
    안녕하세요!

또 다른 번안법의 예를 들면 다음과 같다.

Ex. Let's have a high tea tomorrow.
    내일 저녁 같이 합시다.

위 영어 문장의 "high tea"는 영국에서는 저녁을 먹는 것을 뜻한다. 그러나 말 자체의 뜻은 "고급 차" 혹은 "값 비싼 차"이다. 우리나라에서는 그런 문화가 없어 그런 말을 쓰지 않기 때문에, 이런 경우에는 우리말로 "저녁"이라고 적절한 의미의 말로 번역해 주면 좋다.

다음과 같은 예도 볼 수도 있다. 편지 끝에 쓰는 인사말의 경우이다.

Ex. _____ Yours sincerely.

위의 예를 직역하면, "당신의 성실한"이 된다. 그러나 우리나라에는 그런 말을 편지 끝에 쓰는 습관이 없다. 그러므로 이 경우에는 적절하게 우리 식으로 "안녕히 계십시오."등으로 번역해주면 된다.

또 다른 예를 들면 영어문장에서 흔히 나오는 예로 다음과 같은 것이 있다.

Ex. I did <u>good night kiss</u> yesterday to my son.

위의 문장에서도 영어의 "good night kiss(잠 잘 때의 인사 키스)"는 우리나라 문화에 없는 것이다. 그러므로 이런 경우는 우리말로 적절하게 "잘 자라는 인사" 혹은 "잘 자라고 뽀뽀를" 정도로 번역을 해주는 것이 합당한 번역이라고 할 수 있다.

이와 같이 번안법은 원문내용의 상황이 우리말에는 없는 경우, 우리식으로 말을 적절히 만들어서 써줘야 하는 초 번역적인 창작의 형태를 취하는 번역의 방법을 말하는 것이다. 이러한 번안은 참으로 어렵기도하고 오역이 있으면 안 되는 중요한 작업이므로, 번역가는 이 번안법을 쓰는 데 있어서 특별히 신중하고 성실한 노력을 기울여야 한다.

번역가들, 특히 번역에 대해 지식이 없는 초보 번역가들은 번역학의 기초 번역으로 가장 널리 쓰이고 있는 위의 7가지 번역법을 반드시 미리 익힌 다음 번역에 임해야 올바른 번역을 할 수 있을 것이다. 실제로 위의 7가지 기초이론에 대해서 알고 번역하는 경우와 모르고 번역을 하는 경우는 번역 상 큰 차이가 나기 때문이다.

4 번역의 종류에 따라 번역가가 유의해야 할 여러 가지 번역기법

그러면 이번에는 앞서 언급한 번역의 종류에 따라 번역가가 번역 기법 상 특히 유의해야 할 사항을 간단히 살펴보고자 한다. 이 항목에 있어서도 많은 학자들이 종류에 따라 각기 많은 이론과 논문들을 발표하고 있는데, 이번에도 역시 필자는 보편타당하게 여겨지는 이론들을 간단히 요점만 추려서 설명하기로 한다.

우선 우리가 현재 행하고 있는 번역의 종류는 앞서 언급한 바와 같이 실로 많고 다양하다. 그러나 여기에서는 그 중에서도 가장 많이 행해지고 있는 번역의 종류들을 대략적으로 나누어서 살펴보기로 한다.

그래서 이에 따라 번역의 종류를 대강 나누어 보면 책 번역, 영상번역, 예술활동 번역 등이 있다. 책 번역에는 시, 소설, 연극, 산문의 문학번역과 학술번역, 기술번역 등이 있다. 그리고 영화, TV 드라마, 다큐멘터리의 영상번역이 있고, 마지막으로 오페라와 전시회 등의 예술활동 번역이 있다. 이상의 모든 종류의 번역은 앞서 언급한 번역가가 알아야 할 7가지 기법을 전체적으로 적용하고 각기 특성에 따른 또 다른 기법에 유의해서 작업해야 할 것이다.

그러면 번역의 종류에 따라 번역가가 알아야 할 번역 기법상의 특성을 구체적으로 살펴보자.

① **책 번역**Book translation

책 번역은 다른 어떤 번역보다도 중요하다고 할 수 있다. 영상번역이나 예술활동 번역 등은 그때그때 번역이 한 번 끝나면 그만이고 오래 남지는 않는다. 하지만 책 번역은 한 번 활자화 되어서 책으로 나오면 실로 오래오래 남겨진다. 그러므로 책 번역가의 책임은 막중한 것이고 또한 책 번역이야 말로 진정한 의미의 번역작업이라고 할 수 있다. 그러면 책 번역에 대한 것을 하나하나 항목별로 짚어 가면서 각각 그 특징적인 번역 기법에 대해서 살펴보기로 한다.

a. 문학번역 Literary translation

문학번역은 우선 번역 상 그 특성부터 생각해 보아야 한다. 문학번역은 다른 어떤 번역보다도 가장 대표적인 번역작업이라 할 수 있고, 또한 가장 어려운 번역으로서 개인과 사회의 질적인 활동을 설명하는 일인 것이며, 작품에 따라 각각 다른 특수성과 다른 발전법을 지닌 작품의 미학적 본질과 풍부한 표현을 설명하는 작업인 것이다. 이야말로 해당국가의 문화와 작가의 특수성, 문체 등을 잘 알아야 번역이 가능하다고 하겠다. 그러므로 문학번역가는 번역에 들어가기 전에 첫째로 그 나라의 문화를 통해 그 나라 사람들의 일반적인 사고, 감정, 경험과 이상들을 알아야 한다. 그래야만 정확한 번역이 가능하다. 그리고 그 다음 둘째로는 작가연구로 작가의 사상과 인생관, 세계관, 취미, 특성 등을 파악하고 문체 등 그가 쓴 작품의 연구로 작품 속의 이야기를 완벽하게 이해하고 그 이야기를 정확하게 옮겨야 한다. 따라서 문학번역은 특히 문학적 소질을 갖춘 문학전공의 번역가가 번역을 해야 한다. 번역가는 작품 속의 독특한 심리묘사를 풍부한 어휘력과 감각으로 정확하게 번역해야 하기 때문이다.

그리고 문학번역은 시, 소설, 연극, 산문 등 장르마다 그 특수성에 따라 기법에 유의해야 한다. 그러면 이제부터 문학번역에 있어서 번역가가 알아야 할 사항들을 번역의 종류에 따라 구체적으로 살펴보자.

● 소설 번역Novel translation

소설 번역은 책 번역 중에서도 가장 많이 행해지는 번역으로 대표적인 번역 문학이다. 그래서 번역가는 앞서서 언급한 바와 같이 그 나라의 문화를 잘 파악하고 나서 작가 연구를 거친 다음, 소설의 내용을 한 번 다 읽고 나서 작가 특유의 문체를 살펴보는 과정을 거친 다음 번역에 들어가야 한다. 이 소설 번역은 다른 어떤 번역작업보다도 함축적인 의미와 심리묘사가 많은 것이 특징이기 때문에 번역가는 번역기법 중 특히 변조법과 번안법을 많이 사용하여야 하며, 풍부한 어휘를 구사하여 그 작품의 문체와 문학성을 살려야 한다. 따라서 소설 번역가는 스스로 이야기꾼이 되어서 작가의 메시지를 정확하게 전달하여야 한다. 다시 말해 자유롭게 간접적으로 서술되는 이야기와 내적인 독백을 자유롭게 구분하여 작가의 의도와 뜻을 분명하게 전달해야 하는 것이다. 물론 문체도 서술체와 구어체로 바꿔줘야 하는 것으로, 대화는 구어체로 바꿔줘야 한다. 그밖에 사투리, 은어 등도 꼼꼼하게 찾아 번역해서 작품의 맛을 살려주어야 할 것이다.

이상과 같이 소설 번역은 번역가의 모든 역량이 요구되는 재창조의 작업이다.

● 시 번역Poetry translation

시 번역은 책 번역, 문학번역 중에서도 가장 힘든 번역이라고 할 수 있다. 왜냐하면 작가의 내적인 감성과 심리가 가장 잘 함축되어 있는 한편, 시에는 그 자체에 작가가 의도적으로 부여하는 형식이 있기 때문이다. 다시 말해서, 시에는 내용과 운율과 행이 있어서 시를 번역할 때 번역가는 그 시의 내용을 잘 파악하는 동시에 그 시의 운율이 나타내는 음악성과 행의 형식을 우선 잘 파악해야 하는 것이다. 시 번역은 뜻과 형식을 살려 내야 하는 것이 특성이다. 그러므로 시 번역이야말로 진정한 의미의 총체적인 재창조의 작업이라 할 수 있는 것이다. 때문에 세계적으로 번역학자들이 시 번역에 대한 연구를 많이 하여 여러 가지 학설들을 내놓고 있다. 그 중에서도 보편적인 이론을 적용해서 시 번역을 할 때 번역가가 특별히 알고 있어야 할 점들을 살펴보기로 한다.

우선 시에도 여러 형태가 있는데 산문시, 정형시, 서정시 등이 있다. 그러므로 각기 다른 시의 특성을 살려 적절하게 번역을 해야 하는 것이다. 그러면 우선 시 번역의 일반적인 기법부터 살펴보자.

우선 시 번역은 다른 번역과 달리 각 시에 따라서 특징적인 형태가 있다. 그리고 그 형태에 따른 리듬이 있다. 그래서 바로 이 점이 시 번역의 어려운 점이기도 하다. 시 번역은 단순히 원문의 말뜻을 번역하여 옮기는 작업 이외에 저자가 원문에 부여한 형태와 리듬의 의미를 살려주어야만 하기 때문이다. 그러므로 번역자는 시 번역에 들어갔을 때 우선 몇 가지 단계를 거쳐서 번역작업을 해야 한다.

첫 단계로 번역가는 우선 번역할 시를 독자의 입장에서 읽고 그 시를 잘 이해해야 한다. 다시 말해서 번역가는 그 시의 의미를 완전히 이해하고 시의 내용을 충분히 잘 파악해야 한다. 그리고 난 다음 두 번째 단계로 시의 형태를 자세히 분석해야 한다. 즉 저자가 부여하는 시의 형태를 파악해 내고 그 의도를 감지해야 하는 것이다. 그리고 나서 그 형태가 지니고 있는 함축적이고 기능적인 구조를 분석해야 한다. 시의 행수라든가 리듬 등이 그 대상이다.

그런 다음 마지막 세 번째 단계에 들어가서는 원문의 뜻에 적절한 말을 골라서 그 형식에 맞게 모자이크를 짜듯이 말을 만들어서 짜 맞추어야 한다. 따라서 시 번역가는 저자의 내적인 생각의 표현과 외적인 미학적 기능에 적합한 말을 골라 쓰는 이중 작업을 해야 한다. 이 단계에서 원문의 운율 등을 그대로 똑같이 살려주는 작업은 사실상 불가능한 것이므로 가능한 우리말로 살려내주는 수밖에 없다.

그러므로 시 번역가는 시를 번역할 때 그 뜻과 형태에 맞게 임의대로 자국어의 말을 골라서 옮겨 주어야 한다. 따라서 그 실질적인 작업인 말의 선택에 있어서 번역가는 원문의 뜻에 대응되는 말을 골라야 하는 것이다. 그러므로 시의 뜻을 정확하게 이해하지 않고는 시인이 상징하는 말에 대응하는 우리말을 선택할 수가 없는 것이다. 그러나 시에 운율을 넣어서 음악성을 부여하는 것은 모든 나라시의 형태에서 찾아 볼 수 있는 공통점이다. 그러므로 시 번역가는 외국시의 형태를 파악한 후에 그 시의 형태에 되도록 가깝게 우리말과 시의 형태로 옮겨야 한다.

　　그러면 운율의 음악성을 분석하는 작업은 어떻게 할 것인가 하는 것이 구체적인 문제로 대두된다. 그것은 원문의 운율을 그 언어의 모음과 자음을 분석해서 숫자와 위치를 파악한 후에 그 형태에 되도록 가깝게 우리말로 짜 맞추는 것이다. 그러므로 시 번역은 간단히 말하면 우선 여러 번 독자의 입장에서 시를 읽어서 뜻을 완전히 익힌 후에 원문의 형태를 해체, 분석해서 그 운율의 모음, 자음위치 등의 통계를 낸 후에 그 시에 알맞은 운율, 형태로 다시 모자이크를 짜듯이 우리말과 시의 형태로 끼워 맞추는 작업이다. 때문에 시 번역가는 위의 작업을 하면서 항상 원문의 뜻, 형태와 우리말 표현이 유사성과 상관성과 대응성이 있는지를 고려해서 그 뜻에 맞는 적절한 표현의 우리말을 선택해서 번역을 해주어야 한다. 이처럼 시 번역은 다른 번역과 달리 그 형태와 음악성을 살려 주어야 하는 이중, 삼중의 작업이기 때문에 번역 중에서도 가장 어려운 번역이라 할 수 있다. 그러므로 시를 번역하는 번역가는 더욱 책임감을 가지고 위의 사항을 유의해서 신중하고 성실하게 번역에 임해야 하는 것이고 아울러 끊임없이 자신의 번역력을 길러야 한다.

　　그러면 다음 영어시의 예를 보자.

Ex. Lo! In you brilliant window-niche

　　How statue-like I see thee stand,

　　The agate lamp within thy hand!

　　Ah, <u>Psyche</u>, from the regions which

　　<u>Are Holy Land</u>!

　　보라! 저 흰히 빛나는 창문에

　　마치 조각처럼 그대가 서 있음을 나는 보노라.

　　손에 마노 램프를 들고서!

　　아, <u>성스러운 땅에서 온</u>

　　<u>프시케여</u>!

　　위의 밑줄 친 부분처럼 원문의 행과 단어를 똑같이 번역하는 것이 아니라, 시의 문장 구조에 가깝게 의미에 따라서 말을 선택한 후 적절하게 재구성해서 써주면 된다. 위의 경우는 운율이 크게 문제되지 않는 경우라고 하겠으나 운율도 우리말로 적절하게 맞추어주면 된다.

　　또 다른 예를 들어 보자.

Ex. Rose leaves, when the rose is dead,

　　Are heaped <u>for the beloved's</u> bed

　　And so thy thoughts, <u>when thou art gone</u>,

　　Love itself shall slumber on.

장미 꽃잎은, 장미가 죽었을 때
애인의 침대를 위해 쌓인다.
이와 같이, 당신이 사라졌을 때
사랑은 그대를 생각하며 잠들리라.

위에서도 마찬가지로 의미에 따라 원문에 가깝게 우리말 표현
으로 재구성해서 써주면 된다고 하겠다.
다음과 같은 예를 또 볼 수 있다.

Ex. "My name is Ozymandias, King of kings:
Look on my works, ye Mighty, and despair!"
"내 이름은 왕 중 왕 오지만디아스,
보라 내 업적을, 너희 강대한 자들아, 그리고 절망하
라!"

위의 번역에서도 역시 영시 문장을 우리말로 옮겼을 때, 단어
의 순서들이 바뀌어서 번역된 것을 볼 수 있다.
또 다른 예를 보자.

Ex. Golden-throned Hera, among immortals the Queen.
Chief among them in beauty, the glorious lady
All the blessed in high Olympus revere,
Honor even as Zeus, the lord of the thunder.

황금옥좌에 앉아 있는 헤라, 신들 중의 왕비,

신들 중 가장 아름답고, 높은 올림포스에 있는

모든 신들이, 천둥의 신 제우스를 공경하듯

존경하고 예우하는 빛나는 여신

위의 영시도 우리말 시로 옮겼을 때는 위와 같이 줄이 바뀌고 말의 순서들이 바뀌는 것을 볼 수가 있다. 이처럼 시는 전체적인 의미를 파악한 후에 우리말로 다시 짜 맞추는 작업인 것이다.

다음 기도시의 경우는 비교적 번역이 쉬운 경우라 할 수 있다.

Ex. The night is nearly spent waiting for him in vain.

I fear lest in the morning he suddenly come to my
door

When I have fallen asleep wearied out.

Oh, friends, leave the way open to him-orbid him not.

헛되이 님 기다리며 밤을 거의 지새웠습니다.

아침이 되어 내가 지쳐 잠들었을 때 혹시나 님께서
내 문전에

오실지도 몰라 걱정스러울 뿐입니다.

오, 친구들이여, 님의 길을 막지 말고 열어주오.

위 경우는 언어의 위치를 바꿀 필요가 없이 그대로 번역해 주어도 자연스럽다.

한 가지 예를 더 들어 보기로 한다.

Ex. Thus it is that the joy in me is so full.
    Thus it is that thou hast come down to me.
    O thou lord of all heavens, where would be thy love of
    I were not?
    이처럼 나는 님의 기쁨으로 가득합니다.
    이처럼 님은 내게로 내려 오셨습니다.
    오, 모든 천상의 주인이시어, 만일 내가 아니라면
    님의 사랑 머물 곳은 어디십니까?

위와 같은 기도시도 언어의 위치를 다시 배열하여 바꿀 필요 없이, 순서대로 번역해도 자연스러운 번역의 경우이다.

따라서 시를 번역할 때는 무엇보다도 시를 한 번 읽고 전체적인 의미를 파악하는 것이 우선이고 그 다음 원문의 형태에 가깝게 우리말을 짜 맞추는 작업을 하는 것이 방법이라 할 수 있는 것이다. 물론 이때 운율의 문제도 우리말로 운율을 적절히 살려 주어야 한다.

이처럼 시 번역은 시의 종류에 따라 그 특징적 형태에 되도록 가깝게 번역을 해주어야 한다.

● 연극번역Play translation
연극번역은 무엇보다도 무대에 올려야 하는 점을 고려해서 시간성에 유의해야 하는 것이 가장 큰 특징이라고 할 수 있다. 그러므로 번역가는 연극을 번역할 때 우선 작품을 다 읽고 난 후 대사의 번역을 어떻게 할 것인가를 생각해 보아야 한다. 즉 작품 속의 대사를 되도록 연극시간에 맞게 번역을 해주어야 하며 대개의 경우 적절한 표현으로 짧게 번역을 해야 한다.

그 다음 연극번역에서 주의할 점은 시대성이다. 고전을 번역할 경우에 너무 고전적인 언어를 그대로 번역하면 대사가 어렵고 관객에게 이질감을 주어 공감대를 형성하기 어렵기 때문이다. 그러므로 고전연극 작품을 번역할 경우에는 작품에 따라 관객이 이해할 수 있도록 그 시대에 맞게 어느 정도 대사를 현대말로 바꾸어 주어야 한다.

그리고 마지막으로 유의해야 할 사항은 작품 속의 문학적인 언어literary language는 특별한 경우를 제외하고는 되도록 대사에 맞는 구어spoken language로 바꾸어 주어야 한다.

연극은 무대에서 대사로 공연되는 예술이기 때문에 연극번역은 살아있는 언어의 대사로서 관중들에게 이해되어야 한다. 문학적인 언어는 듣고 나서 금방 이해가 잘 안 되는 경우가 많기 때문이다.

이점이 또한 연극번역의 어려운 점이다. 그리고 마지막으로 연극번역에서 유의해야 할 점은 관용어와 지역적인 사투리의 처리 문제이다. 지역적 사투리의 특성을 살리기 위해서는 오히려 현대적인 관객어로 부드럽게 번역을 해주는 기법을 적용해야 한다.

그러므로 연극번역은 작품성을 고려하는 한편 관객에 맞는 언어로 번역해 주어야 하는 것이 중요한 일이다. 따라서 연극을 번역할 때 번역가가 시간성과 시대성, 지역성의 이 세 가지를 철저하게 고려하지 않으면 연극은 실패로 돌아가기 쉽다. 그러므로 대사 위주로 되어 있는 연극번역은 특히 살아있는 언어의 번역이 되어야 하는 것이다.

● 산문번역Prose translation

산문번역은 저자의 주관적인 서정성을 살리는 것이 중요하다. 다시 말해서 작품의 내용과 저자의 특성을 자세하고 깊게 이해하고 난 뒤에 작품을 번역해야 한다. 한마디로 작품성을 살리는 것이 중요하다. 따라서 산문을 번역할 때도 한줄 한줄 마치 시를 번역하듯이 작품의 내재적인 감성과 의미를 세심히 파악하고 그 내용에 맞게 적절한 표현을 써주어야 한다. 그러므로 다른 번역의 경우와 마찬가지로, 소설 번역의 경우에서처럼 작가의 연구가 선행되어야 함이 산문번역의 필수요건이라 할 수 있는 것이다.

b. 학술번역과 기술번역Translation of science and technique

학술번역과 기술번역은 전문서적의 번역을 뜻하는 것이다. 이 경우에 번역가는 특히 해당분야의 전문용어를 주의해서 번역해야 한다. 그러므로 전문서적의 번역의 경우는 반드시 그 분야를 전공한 사람만이 번역을 해야 한다. 그리고 전문용어에 관한 지식도 되도록 세계공용의 전문용어로 습득해야 한다.

특히 의학서적의 번역 같은 것은 인명에 관련된 중요한 번역이므로 반드시 전공자가 번역을 해야 한다. 전문용어의 경우도 새로운 것이 자꾸 생겨나는 현실이므로 해당 전문번역가는 꾸준히 그 정보를 얻도록 노력해야 한다.

② **예술번역**Translation of arts

예술번역은 그림, 음악 등의 예술활동에 따른 번역이라 하겠다. 그림은 전시회의 그림 제목이나 팜플렛 등을 번역하는 일로써 작가의 의도를 충분히 반영하도록 작가 연구를 해야 한다. 그림 전시회에 갔을 때 가끔 그림과 그 밑에 붙여 놓은 번역된 제목이 맞지 않아서 그 옆에 써놓은 외국어로 된 제목을 다시 들여다보는 경우가 종종 있다. 그리고 원제목의 그림과 번역해 놓은 제목이 전혀 다른 것을 보고 의아해 할 때가 있다. 그러므로 번역가는 충분한 작가 연구와 작품 이해를 한 후에 제목의 뜻을 정확하게 전달하는 번역을 해서 대중에게 소개해, 올바른 작품 소개로 대중을 이해시켜야만 그 전시회의 의미가 있고 그 번역의 의미가 있는 것이다.

그리고 음악예술 활동의 번역은 노래나 오페라의 가사를 번역하는 일이라 할 수 있다. 이 경우에는 작사의 연구는 물론이고 관중을 위한 무대의 번역이기 때문에 시대성이라든가 시간성을 고려한 번역을 해서 관중이 쉽게 알아듣고 이해할 수 있는 데에다 중점을 두어야 한다.

노래의 경우는 시간성이 그다지 문제되지는 않지만 오페라 같은 경우는 역시 연극의 대사와 마찬가지로 길게 늘어지지 않도록 짧고 알아듣기 쉬운 현대어로 적절히 번역을 해야 한다. 때문에 예술번역도 번역가가 예술적 소양이 있어야 바람직한 번역이 나올 수 있다. 그리고 특히 노래와 오페라의 경우 그 제목의 번역도 또한 중요한 일로 노래나 오페라의 내용에 맞는 올바른 번역을 해야 한다.

노래의 예를 들면, 우리나라에도 많이 알려져 있는 "한 떨기 장미꽃(The Rose of Summer)"이란 제목의 노래가 있다. 이 노래는 아일랜드 시인인 토마스 무어(Thomas moore, 1779-1842)의 유명한 시가 노래로 된 것이다. 이 경우에도 올바른 제목은 "여름의 마지막 장미"이다. 보통 음악책에는 2절까지만 나와 있어서 한국 독자들은 이 노래가 장미에 관한 노래인줄로 알고 있지만 제3절을 끝까지 읽어 보면 장미가 노래의 주인공이 아니라 친구들을 잃은 주인공의 쓸쓸한 심정을 마지막 장미를 빌어서 노래한 것임을 알 수가 있다. 이처럼 가사의 번역도 전체적인 작품의 뜻에 맞게 해주어야 한다. 때문에 예술번역일 경우, 특히 작가나 작품 연구가 우선 되어야 하는 것이다.

③ **영상번역**Screen translation

영화나 TV로 오늘날 매일같이 빈번히 행해지고 있는 이 영상번역에는 우선 드라마와 다큐멘터리가 있다. 영상번역이 서적의 번역과 특히 다른 점은 시간의 제약과 주인공의 행동, 표정에 따른 공간의 제약의 문제라 하겠다. 그래서 실제로 영상번역 작업에 들어갈 때 번역가가 해야 할 작업은 다음 네 가지라고 볼 수 있다.

　　　자막 넣기subtitling
　　　번역대사 녹음하기dubbing
　　　독백narration
　　　주 달기commentating

이러한 작업들은 요즈음 세계 각국 간의 교류와 함께 다양하고 빈번하게 행해지고 있다. 그러나 이러한 작업들은 그리 쉬운 작업이 아니기 때문에 선진국에서는 전문기관에서 특수 프로그램과 이론으로 영상번역가들을 훈련시키고 있는 실정이다. 하지만 우리나라에는 아직 그런 제도나 기관이 없는 상황이라 실제로 시청자나 관람자들이 듣기에도 분명히 틀리고 어색하게 들리는 대사가 자주 튀어나온다.

그러므로 현재 우리나라에서 활동하고 있는 영상번역가들은 최소한 다음의 기초 개념을 알고 번역에 임해야 할 것이다. 영상번역에 관한 이론들도 세계의 여러 학자들이 많이 발표하고 있으나 그 중에서도 역시 보편타당한 이론들을 정리해서 간단히 기술 할까 한다.

앞서 언급한 바와 같이 영상번역의 실제 작업인 자막 넣기, 번역대사 녹음하기, 독백, 주 달기 등에서 독백narration과 주 달기commentating는 시간과 공간의 제약을 그리 받지 않고 번역가가 나름대로 자유로이 삽입할 수 있는 부분이다. 그러나 자막 넣기와 번역대사 녹음하기는 번역가가 영상을 보면서 그 그림에 맞도록 시간과 공간에 따라 적절히 번역을 해주는 기술이 필요하다.

그러므로 이제부터는 자막 넣기와 번역대사 녹음 작업에 대해 번역가가 알아야 할 이론을 구체적으로 살펴보기로 한다.

a. 자막 넣기Subtitling

자막 넣기는 영상매체가 상업적으로 문화적으로 대중에게 미치는 영향이 너무나도 크기 때문에 실제로 세계 여러 나라에서는 각기 자기 나라 실정에 맞게 제재 사항을 규정해 놓고 있다. 그러므로 영상 번역가들은 우선 이러한 규정들을 미리 파악을 하고 나서 실제로 번역 작업에 들어가야 한다. 그리고 나서 자막을 넣는 번역 작업을 할 때 영상 번역가들은 다음의 6가지 번역 방법을 알아야 바람직한 영상번역이 된다고 하겠다. 이 이론은 노르웨이 학자가 주장하는 것으로 타당한 이론으로 여겨진다. 그럼 그 6가지 이론을 살펴보자.

● 삭제법Effacement
이 방법은 시간에 따라 또는 영상 속의 그림에 따라 적당히 원문을 삭제해 짧은 우리말로 표현 해주는 방법이다.

> Ex. Jude has sprained the ankle on the playground at
>   school. Would you like a geneva?
>   쥬드가 발목을 삐었는데 진을 좀 드릴까요?

이처럼 "on the school ground(학교에서)"를 삭제해 버리고 우리말로 간단히 요점을 이야기하고 문장을 하나로 짧게 만들어서 시간에 맞게 번역을 해주는 것이다.

● 압축법Condensation
이 방법은 전체적인 의미를 파악해서 아예 번역가 나름대로 문장을 다시 간단히 쓰는 식으로 번역을 하는 것을 말한다. 긴 문장들이 여러 개로 길게 나열되어 있는 경우에 빈번히 적용되는 번역방법이라 하겠다.

Ex. <u>Until and unless we learn otherwise</u>, the people <u>in that</u> <u>car</u> are asleep. No danger to us. But if they make a move <u>against</u> us, you do what you have to do.

그 사람들이 자는 것 같고 아무 위험도 없는 것 같아 보입니다. 하지만 그 사람들이 움직일 땐 당신이 할 일을 하시죠.

위에서처럼 긴 문장들의 밑줄 친 부분을 모두 생략한 채 내용상 요점을 추려서 번역가가 나름대로 간단하게 다시 문장을 만들어 번역해 놓는 번역을 말하는 것이다. 물론 이는 시간과 영상에 맞는 우리말로 적절하게 표현해주기 위해 사용하는 번역 방법이다.

● 부가법Addition

부가법은 그 장면의 맛을 더 잘 살리고 우리의 정서에 맞는 표현을 해주기 위해서 원문에다 약간의 구체적인 말들을 첨가시켜서 번역하는 방법을 말한다.

Ex. Chief Tom! Telephone from Paris! Tom.
업무과장님! 부인께서 파리에서 전화 하셨어요!

위와 같이 화면의 상황에 따라서 보다 우리감각에 맞게 말을 덧붙여서 부인이라는 말을 추가하면 더 실감나는 번역이 된다.

● 상위개념어법Hyeronymie

이 번역법은 언어학에서 쓰는 학술적인 말로서 원문보다 높은 고급 개념을 뜻하는 말을 써준다는 뜻이다.

> Ex. I don't think on anything except that this Saint-Pourcainis excellent.
> 나는 이 포도주가 좋다는 것밖에 모르겠구나.

이 경우에서 포도주마크인 Saint-Pourcain을 보다 고상하고 포괄적인 의미의 말인 그냥 포도주로 표현한 것이다.

● 하위개념어법Hyponymie

이 번역법은 위의 개념과 대립되는, 역시 언어학적인 용어로서 원문보다 저급의 개념으로 말을 써주는 방법을 말한다.

> Ex. It's my grand son.
> 그 애는 내 딸의 아들이요.

이 경우에는 손자grand son가 딸의 아들로 번역된 것으로, 보다 구체적이고 좁은 뜻의, 어떻게 보면 조금 유치하다고 할 수 있는 표현의 말이다.

● 중화법Neutralisation

이 번역법은 객관적인 시각에서 설명하는 식으로 번역을 해주는 방법으로, 관객에게 보다 간단하고 쉽게 이해할 수 있도록 해주는 효과가 있다.

이상으로 자막 넣는 작업상 필요한 번역 기법들에 대해 간단히 살펴보았다. 영상번역가는 그때그때 화면의 내용에 따라서 위의 6가지 기법을 적절하게 적용시켜서 번역을 해줘야 할 것이다.

그러면 이번에는 번역대사 녹음dubbing에 대해 번역자들이 유의해야 할 사항들을 보기로 한다.

b. 번역대사 녹음하기|Dubbing

이 작업은 실제로 영상번역자들에게는 자막 넣기보다 더 섬세하고 재치 있는 역량이 요구되는 작업이라고 할 수 있다. 왜냐하면 주인공의 동작에 맞추어서 적절한 번역을 해야 하기 때문이다. 그러므로 이 경우 번역가는 우선 크게 두 가지 개념을 갖고 번역에 임해야 한다.

첫째는 문법책이나 사전에 쓰여 있는 규정을 많이 위반할 수밖에 없다는 것, 둘째는 극도로 제한을 해서 번역을 해야 한다는 점이다. 그밖에 실제로 번역에 들어가서는 영상번역의 특징인 다음의 3가지 사항에 유의해야 한다.

1. 주인공의 입술과 목구멍의 모양에 맞추어서 번역할 것
2. 말의 억양이나 악센트나 목소리의 강도에 맞추어서 번역할 것

3. 지나가는 짧은 대화는 자유로이 번역할 것

위의 원칙대로 번역을 하기 때문에 영상번역은 결국 원문과는 차이가 나는 것이 당연하고 또 대개의 경우는 원문보다 짧게 되기 마련이다.

한편 이처럼 자막 넣기와 번역대사 녹음, 크게 두 가지로 나뉘는 작업의 영상번역은 드라마와 다큐멘터리의 두 종류가 있다.

영상번역 중 다큐멘터리 번역은 시간에 맞추어 적절하게 번역을 하면 되는 것으로 그다지 큰 어려움은 없다고 하겠다. 그러나 드라마의 경우, 영상번역의 특징인 위의 세 가지 원칙에 특히 유의해서 매끄럽고 자연스러운 번역을 해주어야 한다. 그래서 영상번역은 초벌번역을 대강하고 난 다음에 구체적으로 다듬는 작업을 해야 한다.

마지막으로 요즈음 들어서 새로이 행해지고 있는 컴퓨터로 하는 번역에 대해서 언급하지 않을 수가 없다.

④ **컴퓨터 번역**

최근 들어 컴퓨터는 현대인들의 필수품이 되었다. 따라서 번역도 컴퓨터 하는 상황이 벌어지게 되었다.

지구촌이 점점 더 좁아지고 있는 이 시대에 전자매체로 인한 커뮤니케이션은 필수적인 것이요 또한 아주 유효한 방법이라 할 수 있다. 컴퓨터에 입력한 단어를 찾아내어서 번역을 하는 일도 실제로 번역가들이 많이 하고 있는 것이 현실이다. 그리고 많은 사람들이 컴퓨터 번역에 대한 연구를 활발하게 하고 있고, 우리나라에서도 논문

발표 등 컴퓨터 번역에 대한 관심이 고조되고 있는 것이 사실이다.

그러나 컴퓨터 번역에는 두 가지 문제점이 있다.

첫째로 문제가 되는 것은 사무적인 서류나 신문사설 등 사전으로 거의 글자를 옮겨 놓는 차원의 번역들은 컴퓨터로 가능하나 인간 내면의 미묘한 감정 표현이라든가 무의식의 심리 묘사를 하는 문학작품의 번역은 불가능하다는 점이다. 다시 말해서 컴퓨터라는 기계가 내놓는 단어는 제한된 입력된 단어이기 때문이다. 그리고 사실상 컴퓨터에 입력된 하나의 단어에는 실제로는 여러 가지 뜻이 있기 때문에 상황에 따라 적절한 뜻을 선택해서 번역을 해야 하는 경우, 컴퓨터는 그 자세한 선택 작업이 불가능하다. 그러므로 다른 여러 나라에서도 "컴퓨터 번역의 한계"를 인식하고 일부 번역 분야에서만 컴퓨터 번역이 행해지고 있는 것이 현실이다. 따라서 번역가들은 이점을 인식하고 번역대상을 잘 고려해 가능한 범위 내에서만 컴퓨터 번역을 해야 할 것이다.

그리고 두 번째로 컴퓨터 번역이 문제가 되는 것은 컴퓨터 번역 기계값이 너무 고가인 것이다. 이는 컴퓨터 번역이 확산 되지 못하고 있는 이유 중의 하나이기도 하다. 우리나라 전체에서도 특별한 2~3곳 밖에 컴퓨터 번역기가 없는 실정이다. 그것도 일본수입 제품이기 때문에, 실제로 컴퓨터 번역이 가능한 분야도 컴퓨터 번역기가 없는 상태에서 번역가들이 직접 손으로 번역을 하고 있는 현실이다. 따라서 지금은 컴퓨터 번역이 그리 널리 행해지지 않고 있으며 큰 호응을 얻고 있지 못하다고 볼 수 있다.

이상 번역의 기초이론을 바탕으로 번역의 종류에 따른 여러 가지 번역방법에 대해서 살펴보았다.

　　결론적으로 번역가들은 위에서 열거한 사항들을 유의해서 자기가 해당하는 분야의 번역에 있어서 나름대로 끊임없는 노력과 실습을 해야 할 것이다. 그리고 번역에 대한 서적이나 잡지들을 통해서 끊임없이 새롭게 연구되어 발표되는 번역이론에 대한 정보를 얻어야 한다. 그러나 현재 우리나라에는 유감스럽게도 그런 서적이나 잡지들이 국내서적, 외국서적 번역본 모두 거의 나와 있지 않은 실정이다. 그러므로 번역가들은 자기가 전공한 언어로, 가능한 외국서적을 구입해서라도 번역이론과 기법을 터득해야 할 것이다. 그리고 번역에 대한 연구도 개인적으로 지속적으로 해나가야 할 것이다.

⑤ 번역가가 유의해야 할 외래어의 순화 문제와 외국속담, 격언들의 예

● 외래어의 순화

순화대상 용어	언 어	순화한 용어	용 례
로열티	royalty	① (상표)사용료 ② 인세	그만큼 단 한 푼도 외국에 로열티를 무는 법 없이 꾸준한 연구개발(R&D)과 주 소비층인 주부에 초점을 맞춘 소비자 밀착 마케팅으로 성장해 나가고 있다.
로커	locker	① 사물함 ② (개인)보관함	생략
로커 룸	locker room	① (물품)보관실 ② 탈의실 ③ (선수)대기실	또 ㈜현대아산의 관계자가 "라커룸(→로커룸)을 둘러보지 않겠나"라고 권하자 ──.
로케	← location	현지촬영	생략
로케이션	location	현지촬영	생략
로테이션	rotation	① 번돌기 ② 순환	로테이션 상 예상되는 9일 콜로라도 원정 경기는 두 번째 문제다.
로틴	low teen	10대 초반	요즘 '로틴(low teen)'의 생활은 김 부장의 상상을 훨씬 넘어선다.
론 볼링	lawn bowling	잔디 볼링	특히 이번 대회는 일본 생활체육인들까지 동참해 축구, 육상 등 8개 종목에서 교류전을 갖고, 장애인 100여명도 나서 게이트볼과 론 볼링 등 두 종목에서 기량을 겨루는 등 장벽을 넘어 선 생활체육의 진정한 의미를 찾는 장을 마련할 계획이다.
롤 모델	role model	본보기	젊은 나이에 어울리지 않게 많아진 것은 흰머리뿐이다. 바로 이런 이가 미국 검사들의 롤 모델이다.
롤플레잉 게임	role– playing game	가상역할 게임	EA 코리아에서 이달 초 선보인 '파이널 판타지 X'는 가정용 게임기인 플레이스테이션(PS) 2용 롤플레잉 게임이다.

롱런	Long-run	① (선수권)장기 　보유 ② 장기흥행	그리고 얼마 안 있어 스윙을 뜯어 고치기 시작했다. 롱런하기 위해서는 당시의 스윙으로는 불가능하다고 판단했기 때문.
롱코트	long coat	① 긴 코트 ② 긴 외투	코리안 특급 OOO 선수가 21일 서울 중구 소공동 OO호텔 입구에서 빨간색 롱코트를 입은 도어맨(-안내인)으로 변신, 손님들에게 기념품을 증정하는 행사를 가졌다.
루키	rookie	신인(선수)	루키들 있기에 '재미 두 배'
루키즘	lookism	① 외모 　지상주의 ② 외모 중시	OO기획은 11일 13~43세의 여성 200명을 상대로 루키즘의 실상과 세대별 특징을 조사했다.
룰	rule	규칙	노도 사도 '룰' 없는 '노사 조직'
룸펜	(독) lumpen	(고등)실업자	그러나 체면을 중시하는 출세주의의 고질병 때문에 재취업 때 '하향지원'을 거부하는 고등 룸펜들이 골프장과 다방, 기원 등을 전전하고 있으며 급격한 상실감에서 스스로 목숨을 끊는 사람까지 나오고 있다.
리노 베이션	reno-vation	개보수(改補修)	빌딩 리노베이션으로 시장을 잡아라. 건축물 리노베이션 시장을 주목하라.
리더십	leader-ship	① 지도력 ② 통솔력	비주류들이 공통적으로 문제 삼는 대목은 바로 O총재의 리더십/ 포스트 3金(-3金 이후)리더십 실험
리드미컬 하다	rhyth-mical~	율동적이다	작은 사각형이나 삼각형, 원형의 얇은 스테인레스 스틸이나 알루미늄 조각들이 반복적으로 그리고 기하학적으로 연결되어 바람에 리드미컬하게 움직이는 모습은 그야말로 장관이다.
리드하다	lead~	① 이끌다 ② 주도하다	비록 그녀가 OOO TV '한밤의 TV 연예'의 진행으로 주가를 높였지만, ─ MC 개인 능력으로 게스트(-초대손님)를 리드해야 하는 토크쇼(-이야기 쇼)를 맡기엔 부족하다는 것.
리딩뱅크	leading bank	선도(先導)은행	리딩뱅크인 OO은행이 예금 금리는 올리지 않는 대신, 대출 금리를 더 내리는 방식의 금리 정책을 취하자─

리메이크	remake	① 개작 ② 재제작	쑨위에는 클론의 '쿵따리샤바라'를 '콰이러즈난(快樂指南)'이란 제목으로 <u>리메이크</u>, 중국 내에서 한층 주가를 높이고 있는 인기 가수다.
리미티드 에디션	limited edition	① 한정품 ② 한정판	럭셔리 브랜드(→고가품)들이 종종 내놓은 <u>리미티드 에디션</u>은 이런 심리를 만족시켜 주는 마케팅 전략의 하나다.
리모델링	remo- deling	구조변경	부동산 개발업체인 OOO개발은 인천 서구 마전동에 있는 OOO아파트 해약분 2백 가구를 최신 유행에 맞춰 <u>리모델링</u>해 분양가보다 최고 15% 싸게 공급한다고 25일 밝혔다.
리모트 컨트롤	remote control	(원격)조정기	담뱃갑보다 작은 전기 장치를 여성의 엉덩이 피부 아래에 이식해 넣은 뒤 몸 바깥에서 <u>리모트 컨트롤</u> 버튼을 손으로 누르면 오르가슴을 느낄 수 있다는 것이다.
리바이벌	revival	재연 (再演, 再燃)	75년 초연된 '시카고'는 96년 <u>리바이벌</u>돼 지금까지 뉴욕과 런던에서 전회 매진을 기록 중인 화제작으로 —
리바이벌 플랜	revival plan	재건 계획	2년 전 우리가 <u>리바이벌</u> 플랜을 내 놓았을 때 많은 사람들이 실현 여부가 지극히 불투명해 실패하고 말 것이라고 냉소했지만 우린 결국 해냈습니다.
리버스 레이업	reverse lay-up (← reverse lay-up hot)	뒤돌아 올려 넣기	이날도 유연한 턴 어라운드 슛(→돌아쏘기)과 <u>리버스 레이업</u> 등 고난도 슈팅을 성공시키며 —
리베이트	rebate	(음성)사례비	수련회에 참여하는 유치원과 초-중-고교 측에 대한 캠프업자의 <u>리베이트</u> 제공도 관행화 된 것으로 알려졌다.
리볼빙 시스템	revol- ving system	① 회전 　결재시스템 ② 부분 　결제시스템	외환 OO카드는 마스터카드와 제휴해 <u>리볼빙</u> <u>시스템</u>을 도입한 상품으로 매월 결제 금액의 5~50%만 웃돌면 나머지 이용 대금 상환이 자동 연장되는 특성을 지니고 있다.

리뷰	review	① 비평(批評) ② 평론(評論) ③ 논평(論評) ④ 개관(概觀)	도서명-저자-출판사-가격 등의 기본 정보와 함께 도서 목록과 관련 전문가의 책 소개, 독자 <u>리뷰</u>, 미디어 <u>리뷰</u> 등의 풍부한 정보를 얻을 수 있다.
리서치 헤드	research head	수석 연구원	국내 3대 증권사의 <u>리서치</u> 헤드들은 대체적으로 미국 경제와 증시가 쉽게 회복되기는 힘들 것이라는 점에서 의견 일치를 보고 있다.
리셉션	reception	① 피로연(회) ② 축하연(회) ③ 초대연(회) ④ 연회	행사는 식전 행사-테이프 커팅(→자르기) → 준공식 → 기념식 → 축사 → <u>리셉션</u> 등의 순으로 진행되었다.
리셋	reset	재시동	잘못하면 고장도 나죠. 또 프린터에 메모리 기능이 있다면 인쇄가 취소되지도 않고요. 이 경우 다시 전원을 켠 후 '<u>리셋</u>' 버튼을 눌러 줘야 합니다.
리스크	risk	위험	상가는 수익이 높은 반면 분양 될 확률은 아파트 보다 낮아 <u>리스크</u>가 상대적으로 크다.
리스트	list	① 명단 ② 목록	OOO 부대변인은 "자신들은 OOO리스트, OOO리스트 등을 마음대로 발표하며 OOO의원만 문제 삼는 것은 명백한 보복 행위"라며 "우리 당은 집권 세력의 정치적 만행에 대해 전 당력을 집중, 투쟁해 나갈 것"이라고 주장했다.
리얼리티	reality	사실성	이 영화에서 가장 중시한 게 <u>리얼리티</u>였거든요.
리얼 타임	real time	실시간	아예 컴퓨터 모니터 화면 밑 부분에 종목 가격이 <u>리얼 타임</u>으로 흘러가면서 나타나도록 해 놓았다.
리얼하다	real~	① 사실적이다 ② 생생하다	생략
리조트	resort	휴양지	해안 33% <u>리조트</u> 개발/편한 잠 못 자는 안면도(安眠島)

리츠	REITs (←real estate invest-ment trusts)	부동산 투자신탁	다음달 1일부터 도입되는 <u>리츠</u> 관련 수해주에 투자자들의 관심이 높아지고 있다. <u>리츠</u>란 주주들로부터 자금을 조달해 부동산이나 부동산 관련 유가 증권에 투자하고 여기서 나온 임대료나 이자 수입들을 투자자에게 배당하는 부동산 투자 펀드를 일컫는다.
리퀘스트	request	① 신청 ② 요청	그 동안 방송됐던 특집 중 가장 많은 <u>리퀘스트</u>를 받은 뮤직 비디오만 모아서―
리퀘스트 콘서트	request concert	요청 연주회	그의 노래를 좋아하는 이들이 "가을 서정 물씬한 강씨 노래를 듣고 싶다"고 요청해서 열리는 '<u>리퀘스트 콘서트</u>'다

● 외국 속담, 격언들의 예

Many hands make light work.
많은 손이 가벼운 일을 만든다.
백지장도 맞들면 낫다.

Marriage is easy, house-keeping is hard.
결혼은 쉬워도 가정을 지키기는 어렵다.

Marry in haste, repent at leisure.
서두른 결혼은 두고두고 후회한다.

Men are not to be measured by inches.
사람의 가치는 크기로 판단할 것이 아니다.
작은 고추가 맵다.

Match made in heaven.

하늘에서 만들어진 인연. 천생연분.

Men are known by the company they keep.

사람은 사귀고 있는 친구에 의해 알려진다.

친구를 보면 친구를 안다.

Mend the barn after the horse is stolen.

⟹ Mend the barn after the horse is stolen.

⟹ Shut the stable door after the horse is stolen.

⟹ Lock the stable door when the steed is stolen.

⟹ Lock the stable door after the horse has been stolen.

소 잃고 외양간 고친다.

Might makes right.

힘이 있어야 옳게 된다.

Misfortunes never come single [single, alone].

⟹ One misfortune rides upon another's back.

⟹ It never rains but it pours.

불행은 겹쳐 오기마련, 설상가상雪上加霜

Money can't buy happiness.
돈으로 행복을 살 수 없다.

Money isn't the best thing in the world.
돈이 세상에서 최선의 것은 아니다.

Money makes the mare (to) go.
⟹ Money talks.
⟹ Money is power.
⟹ A golden key opens every door.
황금만능黃金萬能 = 돈이면 안 되는 일이 없다.

More cry than wool.
⟹ Much cry and little wool.
⟹ Many cry and little wool.
⟹ All cry and no wool.
양모보다 더 많은 소동.
공연한 헛소동, 태산명동에 서일필.

More haste, less speed.
바쁠수록 돌아가라.

Much coin, much care.

⇒ Wealth brings with it many anxieties.

돈이 많으면 걱정도 많다.

Murder will out.

⇒ Truth will out.

살인은 반드시 탄로 난다. 진실은 드러나기 마련.

My eyes are bigger than my stomach.

⇒ My eyes are bigger than my belly.

배보다 배꼽이 크다.

Naked came we into the world and
naked shall we depart from it.

빈손으로 와서 빈손으로 떠난다.

공수래 공수거空手來 空手去

Name not a rope in his house that hanged himself.

목매단 사람 집에서 새끼줄 이야기는 하지 말라.

환자 앞에서 죽음 이야기는 하지 말라.

Near neighbor is better than a distant cousin.

이웃사촌

Necessity is the mother of invention.

필요는 발명의 어머니, 궁하면 통한다.

Necessity knows/has no law.

필요는 법을 모른다.

사흘 굶어 도둑질 안 할 사람 없다.

Never buy a pig in a poke.

자루에든 돼지를 사지 말라.

물건을 잘 보고 사라.

Never judge by appearances.

⇒ Don't judge a book by its cover.

⇒ Appearances are deceptive.

⇒ Beauty is skin deep.

겉모습으로 판단하지 말라.

Never put off till tomorrow what may be done today.

오늘 할 수 있는 일을 내일로 미루지 말라.

Never spend your money before you have it.

네가 돈을 가질 때까지 너는 너의 돈을 써서는 안 된다.

Never swap horses while crossing the stream.
개울을 건널 때는 말을 갈아타지 말아라.
어려울 때 조직을 바꾸지 마라.

Never too old to learn.
⟹ No man is too old to learn.
배울 수 없을 정도로 늙는 경우는 없다.

News travels fast.
발 없는 말이 천리 간다.

No cross, no crown.
⟹ No sweat, no sweet.
⟹ No reward without toil.
고난 없이 영광 없다. 고생 끝에 낙이 온다.

No gains without pains.
노력 없이는 이득도 없다.

No joy without alloy.
순수한 기쁨이란 없다.

No man goes carelessly by a place where profit lips.
참새가 방앗간을 그냥 지나랴?

No man is born wise or learned.
날 적부터 현명하고 학문이 있는 자는 없다.

No medicine can cure a man of discontent.
인간의 불만을 고칠 약은 없다.

No mill, no meal.
부뚜막에 소금도 넣어야 짜다.

None are so blind as those who won't see as those.
보려고 하지 않는 사람처럼 눈 먼 사람은 없다.

None so blind as those who won't see.
마이동풍馬耳東風

No news is good news.
무소식이 희소식.

05
한국 번역의
현황과 문제점

한국의 번역 현황을 살펴보기에 앞서 국제 교류의 활동인 번역의 세계적인 동향을 언급해야 할 것 같다.

우선 번역이 가장 발달한 지역은 유럽이라고 할 수 있다. 그 중에서도 프랑스, 영국, 벨기에 등에서 번역학이 가장 발달했다고 볼 수 있다. 그리고 옛 공산국가들, 불가리아, 체코 등도 공산국가의 예술 진흥정책에 따라 번역을 전문화시켜서 상당한 수준의 번역으로 발전해 있다. 그리고 소련도 마찬가지로 옛 공산주의 국가의 예술 진흥정책에 의해 문인들과 예술인들을 특별히 지원해 번역도 최고 수준에 올라 있고, 소련연방정부는 3천여 명의 번역가를 고용하고 있다. 일본은 일찍이 명치유신 때 국가의 개방정책과 함께 번역을 국가시책으로 장려해서 많은 외국문물을 받아들이는 데 번역이 결정적인 역할을 해 왔고, 자연적으로 일본의 번역도 급격한 발전을 이룩했다.

그 후로도 일본은 줄곧 국가 기관에서 전문적으로 번역가를 양성, 지원해서 오늘에 이르러 일본의 번역 수준은 세계 제1위라고 할 만하며 거의 완벽한 번역본이 외국에서 책이 출간되는 것과 동시에 나오고 있다. 그리하여 일본은 좋은 문학번역으로 노벨 문학상을 2번이나 타는 영광을 얻었으며 심지어 원작보다 번역문장이 더 좋아서 노벨 문학상을 탔다는 말까지 나오고 있는 정도이다. 그만큼 일본인들은 일찍이 번역이 국가 발전에 얼마나 중요한 것인지를 깊이 인식했던 것이다.

그 외의 아시아 국가 중에서는 중국이 아직 크게 발전하지는 않았지만 현재 활발하게 번역활동을 하고 있는 중이다. 한편 미국은 번역학이 그다지 크게 발전하지 않았다고 할 수 있으나 반면에 캐나다는 퀘백Quebec을 중심으로 번역이 세계 최고 수준으로 발전해 있고 번역 강국이다. 그 밖의 남미 등 다른 나라들은 그다지 번역이 발전했다고 볼 수는 없으나, 이집트 등 아프리카의 여러 나라들도 번역 학교기 있어 번역학을 가르치고 있다.

프랑스의 까이아베가 1953년에 창설한 UNESCO 산하의 세계 번역가 연맹F.I.T.: Rederation Internationale des Traducteurs에서는 세계의 번역가들이 빈번하게 세미나와 회의를 개최하여 세계 각국의 각 언어권의 실질적인 번역 문제점들을 토의하고 있다. 그리하여 UNESCO세계경제과학문화 협력기구 산하의 FIT는 실제로 많은 유네스코 산하 기관들 중에서 PEN CLUB보다 더 우위인 A급에 속해 있고, 그 중요성으로 볼 때 PEN CLUB은 B급에 속해 있다. 최근 PEN CLUB도 A급으로 향상되긴 했으나 그만큼 외국의 여러 나라들은 일찍부터 번역의 중요성을 깊이 인식하고 번역에 대한 연구를 하고 있었던 것이다. 또한 세계번역가연맹은 "바벨Babel"이란 잡지를 발행하여 세계 각국의 번역 동향과 연구논문들을 소개하고 있다.

그리고 이 연맹이 창설 된지 10년이 되던 해(1963년)에 번역가 헌장을 채택하여 번역가의 경제적·사회적 직위 규정과 함께 번역가의 의무와 권리를 규정하는 한편 번역가들의 권익을 도모하고 있다.

또한 이 세계 번역가 연맹은 매년 번역저작물목록을 발행하고 있는데, 이 책자는 유네스코 회원국들의 번역 서적에 관한 상세한 통계를 싣고 있다. 그리하여 유네스코 61개 회원국에서 제공한 통계자료에 의하면 1978년도 한 해 동안만 해도 57,158권의 책이 번역된 것을 알 수가 있다. 여기에는 물론 학술 잡지나 다른 일반 잡지, 신문 등에 번역되는 논문들과 기타 정보매체는 포함되지 않았다. 이 숫자를 주요한 국가별로 살펴보면 프랑스가 제일 많은 8,350권, 서독이 7,168권, 소련이 7,023권, 스페인이 5,543권, 일본이 2,307권, 덴마크가 1,024권, 이탈리아가 1,738권, 영국이 1,494권을 발행한 것을 볼 수가 있다.

반면 도서가 가장 많이 필요한 개발도상국들은 오히려 번역 책들을 제대로 출판을 하지 못하고 있는 실정이다. 주로 경제적인 빈곤과 교육적인 수준의 저하가 그 이유이기도 하지만, 저자 및 역자의 높은 인세를 비롯해 여러 가지 출판에 필요한 비용과 인쇄시설의 부족, 그리고 실질적으로 필요한 인쇄비와 종이 값 등 감당하기 어려운

제작비가 이유라고 할 수 있다. 게다가 후진국들은 베를린 협정으로 저작권 보호법에 따라 비싼 선인세를 물어야 하므로 더욱더 출판이 어려운 실정이다.

세계가 좁아지고 있는 요즈음 긴밀하고 빈번한 외국과의 교류를 위해 번역이 점점 더 그 중요성이 더 커지고 있음에 따라 번역을 직업으로 삼고자 하는 사람들도 많이 늘어나고 있고, 번역에 대한 수요도 급격히 늘고 있는 것이 현실이다. 그래서 선진국에서는 번역교육 기관도 다수 소유하고 있고, 번역학교를 졸업하기가 어려울 정도로 철저하게 번역가들을 훈련시키고 있다. 따라서 선진국에서는 번역가들에 대한 사회적인 지위와 대우도 상당한 수준으로 아주 좋은 편이다.

필자는 이러한 세계의 번역에 대한 동향에 비추어 우리나라의 현황을 살펴보고 그 문제점에 대해 대책안을 생각해 보고자 한다.

현재 우리나라 번역문화의 실태는 한마디로 불모지라고 할 수 있다. 그러므로 번역의 수준도 아주 낮다고 하겠다. 따라서 우리나라의 번역문화는 이 시대에 시급히 개선해야 할 과제인 것이다. 일본에 비해 우리나라의 번역은 선교사들이 겨우 조금씩 번역한 것으로부터 시작되었다. 그 후 일본의 식민지 시대를 겪으면서 모든 외국 문물이 일본을 통해 들어오게 되고, 우리나라의 번역은 세계 여러 나라의 문물이 일본어로 번역된 다음 다시 한국어로 번역되는 중역의 오류가 생기게 되었다. 그리고 이러한 중역은 우리나라의 번역 발전을 저해하는 가장 큰 요인 중 하나가 되었다. 그러나 무엇보다도 우리나라 번역 발전의 부진은 우리나라 사람들의 번역에 대한 인식 부족이 제일 큰 원인이다. 국가에서도 아무런 관심을 두지 않았고 또한 대중도 번역에 대해 특별한 생각과 인식이 없어, 번역은 필요한 사람들이 그때그때 조금씩, 그것도 일본어를 중역 하는 데에 그쳤던 것이다. 그 결과, 무슨 종류의 번역이든 간에 일본어를 통해 중역을 많이 해 왔다. 거기다 외국어를 조금 아는 사람이면 아무나 쉽게 번역에 임했었고, 심지어 문학작품도 일본어를 통한 중역을 했기 때문에 그 작품을 원어로 읽어 보면 문학적 향기나 저자의 의도와 감성의 전달이 많이 미흡한 것을 느끼게 되었다.

그런 상태가 계속 오랫동안 지속되어 왔기 때문에 자연히 번역서들은 독자들에게 제대로 된 책으로 취급 받지 못하게 되었다. 그리고 외국어를 공부한 사람이 많이 늘어나고 개방된 요즈음에도 우리나라에는 번역의 수요에 따르는 번역가들을 양성하는 학교라든가 학원 같은 교육시설이 전무한 상태이다. 따라서 번역을 지망하는 사람들은 번역이 하나의 전문분야로서 학문화 되어 있다는 사실 그 자체도 모르는 채 번역을 하는 방법이라든가 그 이론에 대해서는 접할 기회조차 없기 때문에, 번역에 대한 아무런 지식이 없이 막연히 혼자서 경험을 통해서만 번역방법을 습득해왔기 때문에 번역의 발전을 기대하기 어려웠다.

우리나라도 1970년 국제번역가 연맹FIT에 가입하여 〈한국번역가협회〉가 창설되었으나 그다지 큰 성과는 거두지 못하고 있는 실정이며, 1992년 1월 15일에 당시 문화부 산하에 〈한국번역연구원〉이 창설되어 활동하고 있는 중이다. 그러므로 우리나라에는 번역가들의 공익단체로는 〈한국번역가협회〉와 〈한국번역연구원〉이 있다고 하겠다.

최근 몇 년 전부터는 우리나라 사람들도 번역에 대한 인식을 하기 시작해서 출판인들도 보다 질 좋은 번역을 찾게 되었고 번역가들도 종전과는 다르게 번역에 대한 보다 깊은 책임을 인식하게 되었다. 그리고 정부에서도 번역을 위한 교육기관 등의 필요성을 인식하고는 있으나 아직은 특별한 시책이 없는 상황이다.

이러한 상황에서는 세계정보화 시대에 발맞춘 올바른 의사소통과 정보입수가 불가능하며, 물론 국민이 요망하는 노벨 문학상도 결코 꿈꿀 수 없다. 그리고 이런 상태가 그대로 지속된다면 결국은 21세기 정보화시대에서 우리나라는 또다시 다른 나라들보다 뒤쳐지게 될 것이다. 그러므로 올바른 번역을 위한 구체적인 계획과 실천은 시급한 일이라고 하겠다.

때문에 실제로 우리나라에서 어떻게 해서 바람직하지 못한 번역, 또는 오역이 나오게 되는지를 구체적, 현실적으로 살펴보는 것도 개선책을 위해 의미 있는 일이라고 생각된다.

첫째 이유는 무엇보다도 우선 번역가 자신의 실력이 충분치 못하기 때문이다. 번역이란 1차적으로 단어, 문법, 상식, 지식의 범위, 한국어 표현능력 등 종합적인 면에서 역자의 정체를 그대로 글로 드러내는 것이기 때문에 번역가는 모든 면에서 충분한 실력을 갖추어야 하는데 우리나라의 번역가들은 번역에 대한 깊은 인식이나 지식이 없이 약간의 외국어 실력을 지닌 상태에서 사전 만들고 단어를 옮기는 차원의 번역을 하고 있다.

번역문에서 실제로 가장 중요한 것은 정확성과 읽어나가기 쉬움, 이 두 가지 요소라 할 수 있다. 따라서 그 정확성을 기하기 위해서 번역가는 무엇보다도 외국어에 정통해야 할 것이고 또한 읽어 나가기 쉬움을 위해서는 한국말로 잘 표현할 수 있어야 한다. 그러나 우리나라 번역가들은 아직도 그 양쪽중 어느 것도 충분치 못한 실력으로 번역에 임하고 있는 실정이다. 그러므로 해당국가의 문화를 알아야 하는 점은 생각지도 못하고 있는 것이 현실이라 하겠다.

이상적인 번역가는 자기의 전공언어 외에도 그리스어, 라틴어, 그 밖의 몇 개의 서양언어 사전을 뒤질 수 있을 정도여야 하고, 더 나아가서는 그리스·로마신화와 성경 등에 대한 지식도 지녀서 가히 백과사전적인 지식을 갖추어야 한다. 또한 실질적인 작업을 위해서 철학사전, 심리학사전, 지명사전, 인명사전, 세계문학사전 등 많은 사전류를 구비해야 하고 그래도 모르는 부분이 있으면 전공자나 혹은 외국인에게 직접 문의할 성의와 용기를 갖추어야 할 것이다.

그러면 이제부터는 우리나라에서 실제로 행해지고 있는 책 출판의 과정을 통해 번역물 출판의 문제점을 생각해 보자.

우선 하나의 책이 출판되기 위해서는 다음과 같은 과정이 필요하다.

원고 ⇒ 출판사 ⇒ 출판 ⇒ 재판

이 과정을 통해 보면 첫째가 원고이다. 이 원고의 문제는 앞서서 언급한 것과 같이 우선 번역가의 실력부족이 문제가 된다. 번역은 정확한 문장의 해석과 이해가 선행되어야 우리말로 정확하게 그 뜻을 전달하는 것이 가능하기 때문에, 번역가의 외국어 실력이 있어야 한다. 그런데 번역가가 외국어 실력이 없으면 문장을 잘못 이해한 것을 그대로 우리말로 써놓기 때문에 오역이 나오게 된다.

그 다음 원고의 문제는 출판사 측에서 너무 서둘러서 번역기간을 짧게 주는 것이다. 그래서 번역가는 충분한 검토 작업과 수정작업을 하지 못한 채 원고를 출판사에 넘기게 되는 경우가 많기 때문에 완전한 번역이 나올 수 없을뿐더러 심지어는 오역이 나올 수도 있는 것이다. 그리고 또한 출판사에서 주는 번역료가 너무 낮은 것도 번역가로 하여금 책임감을 갖게 하지 않기 때문에 무성의한 번역의 졸역이 나오게 하기도 한다. 또한 번역을 업적으로 인정하지 않는 우리나라의 풍토 때문에 실제로 능력이 있는 사람도 번역을 하려 들지 않아질 좋은 번역이 나오기가 힘들기도 하다.

또 다른 원인으로는 출판사가 주로 번역가의 원고를 매절하고 나서는 교정도 모두 출판사 자체에서 임의대로 해버리기 때문에 번역가가 다시 교정볼 기회가 거의 없다는 점이 있다. 물론 번역가에게 교정본을 보여주는 경우가 있기도 하지만 거의 모두 출판사내에서 이미 교정을 마쳐 온 것을 형식적으로 넘겨주는 경우가 많다.

두 번째 번역물 출판의 문제점은 출판사로 원고가 넘어온 다음 과정에서의 문제이다. 출판사에서는 번역원고를 넘겨받은 후에 번역원고를 원문과 한 번은 대조를 해야 하는 것이 원칙이다. 그런데 출판사 상황들이 영세하기 때문에 대개는 편집부에서 번역원고를 넘겨받은 후에 번역원고 그 자체를 적당히 표현을 다듬거나 읽기 부드러운 투로 문장을 고치는 데 그친다. 교정 작업에는 글자교정과 내용교정이 있는데, 글자교정은 교정의 초급단계이므로 그다지 큰 문제가 아니라 하겠으나 내용교정의 경우는 책의 내용을 잘 알아야 하기 때문에 고급단계이므로 대부분 영세적인 출판사들에는 그럴만한 인재가 없는 실정이다. 그래서 오히려 틀리게 고치는 경우가 많다.

세 번째 번역출판의 문제점은 책이 나왔을 때 오역 책을 통제할 수 있는 기관이 없어 오역된 책들이 무방비 상태로 범람해서 정신을 오염시킨다는 점이다.

그리고 네 번째 문제점은 다음과 같다. 한 번 출간된 책이라 하더라도 출판사나 역자의 성의에 따라서 재판 시에 고칠 수 있다. 그러므로 출판사는 재고를 파악하여 번역가에게 오역을 정정할 기회를 주어야 하고 번역가는 오역이 발견되면 메모해 두었다가 출판사에 알려 주어야 한다. 그러나 대개의 출판사는 원고를 매절하기 때문에 번역가와의 관계가 끊어지게 되고 번역가 역시 자기의 번역물에 대한 계속적인 관심이 없어져 재판을 해도 또 다시 오역이 계속 나오게 되는 것이다.

여기까지가 현재 우리나라에서 번역책이 출판되어 나오는 4단계에서 오역본이 나오게 되는 현상이다.

그러면 이제부터는 어떻게 해야 오역을 막을 수 있는 것인가 하는 방법을 생각해 보아야 할 것이다. 그래서 필자는 이 시점에서 어떻게 해야 우리나라 번역이 발전할 것인가 하는 것에 대해서 대안을 제시해 보고자 한다.

첫째로 우리나라 번역발전을 위해 무엇보다도 우선되어야 하는 것은 전문번역가들을 양성하기 위한 교육기관의 설립이다.

그리고 그것은 국가적인 차원이어야 한다. 국가발전에 있어서 번역의 중요성과 그 수요를 볼 때, 개인 차원의 사설기관은 재정과 규모와 질의 면에서 그 우수성을 기대하기 어렵기 때문이다. 따라서 우수한 전문번역가들을 양성하기 위해서는 광범위한 자료와 충분한 시설, 인적 자원으로 본격적인 번역학을 가르쳐야 한다.

이러한 국가 차원의 번역교육기관의 설립이 어렵고 지연될 때에는 우선 번역에 대한 인식과 실력을 갖춘 개인이 사설학원을 설립하는 것도 현 상황에서는 의미 있는 일이라 볼 수 있다. 그러나 이 경우에는 반드시 조건이 있다. 번역학이 발전한 나라의 교육기관을 돌아보고 진정한 번역학은 무엇이며, 또 그런 나라의 번역학교에서는 무엇을 가르치는 지에 대해서 구체적인 프로그램들을 참조하여 그 자료를 가지고 번역학원에서 올바른 번역학을 가르쳐야 한다. 그러나 현재 우리나라에서는 번역학을 가르칠 수 있는, 번역학을 제대로 공부한 인재들이 없기 때문에 외국에 체류하는 인재들과 외국 번역학 교수들을 초빙해서 가르쳐야 한다. 때문에 번역양설기관을 설립하기 위해서는 번역에 대한 깊은 인식과 재력이 충분한 사람이어야 할 것이다.

둘째로 우리나라의 번역발전을 위해서는 무엇보다 번역가와 출판사의 양심회복이 선행되어야 한다.

출판사는 영세성과 상업성에 얽매인 나머지 초역인데도 완역이라고 책에 써 붙여서 판매하는가 하면 노벨 문학상 발표가 나가기 무섭게 10여 군데서 노벨상 작품을 찢어 나누어 졸속으로 번역한 작품을 상품화하기도 한다. 번역가의 경우는 교수가 출판사와 계약을 해놓고는 학생에게 번역을 시키고 원문은 아예 보지도 않고 출판사에 원고를 넘기는 경우도 있다. 그리고는 자기가 번역하지도 않은 책에 자기 이름을 팔아먹는 유명 인사들도 있다. 앞으로 출판사와 번역가들은 한 번 책이 나오는 데에 큰 의미를 두고, 번역에 보다 깊은 인식을 가지고 올바른 번역의 좋은 책을 내야 한다는 생각을 해야 할 것이다.

셋째로 외국어 공부를 한 교수들이 번역에 참여하도록 유도해야 한다. 우리나라는 현재 논문은 업적으로 인정해 주고 있으나 번역은 거의 인정을 받지 못하고 있어 교수들이 번역을 꺼리고 있는 실정이다. 그러나 논문보다 훌륭한 작품, 좋은 저서의 번역이 국가발전에 훨씬 도움이 된다는 것을 깨달아야 할 것이다. 외국어를 전공한 사람이 번역을 하면 보다 더 좋은 번역이 나오게 될 것이 자명한 사실이기 때문이다.

현재 우리나라에는 많은 출판사들이 번역책을 내고 있고 많은 번역전문가들이 번역을 하고 있으나 아직 직업으로서는 확립되지 않은 실정이고 또한 프로번역가로 나선 사람들의 다수가 해당 외국어를 전공하지 않은 사람이니 이는 앞으로는 지양되어야 할 것이다.

넷째로 번역상 제도가 필요하다고 본다. 최근 들어서 문화부라든가 대산 재단, 문예진흥원 같은 곳에서 번역상이 생겨난 것은 번역가들을 고무시키는 제도로 바람직한 현상이다. 그러나 현재의 번역상은 실제로 우리나라 번역가들을 전반적으로 고무시키고 있지는 않다. 번역상 수상 조건이 너무 까다롭고 제한이 많기 때문이다. 수상조건 대부분이 한국어를 외국어로 번역하는 데 한하고 있어 실제로 그 경우에 해당하는 번역가는 그리 많지가 않은 것이다. 여기에는 외국인 한국어 교수나 외국교포, 극히 드문 우리나라 교수들만이 해당된다고 할 수 있다. 올바른 번역문화가 정착되어야 하는 지금 우리나라에서 모든 번역가들에게 올바른 번역에 대한 인식을 고무시키기 위해서는 분야를 가리지 않은 정확하고 질 좋은 번역 작품을 내놓는 번역가에게 상을 주어야 할 것이다. 궁극적으로 번역을 통한 외국과의 정보교환, 문화교류는 한국어를 외국어로 번역하는 데에만 그치지 않기 때문이다. 그러므로 번역상이 보다 많은 분야의 보다 많은 번역자들에게 주어져서 번역자들을 고무시키고 올바른 번역을 대중에게 인식시켜 번역문화의 정립에 기여해야 한다고 본다.

그리고 번역상을 주는 데 있어 언어권을 개방하여 모든 언어권에 상을 다 줘야 보다 넓은 번역가들을 고무시켜 번역문화의 확산에 도움이 될 것이다.

다섯 번째로 번역료에 있어서 인세제도가 정착되어야 한다. 우리나라 대부분의 출판사는 번역가에게 저렴한 원고료를 주고 매절해 버리는 경우가 대부분이어서 출판사와 번역가의 관계가 끊겨져 버리는 경우가 많다. 때문에 출판사와 번역가가 계속 책에 대해 관심을 갖고 원고 교정에 참여해서 좋은 책이 나올 수 있도록 하기 위해서는 인세제도가 필요하다.

최근 들어 우리나라에서도 번역료를 가끔 인세로 하는 경우가 있으나 아직은 드물다. 그리고 외국서적의 경우 저작권 계약을 맺고 저작권료를 내야 하기 때문에 출판사는 외국출판사와 번역가 양쪽에 인세를 지불해야 하므로 번역료 인세를 꺼리는 경우가 더욱 많다. 이는 책에 따라서 서로 조정해야 하는 문제라고 본다. 그러므로 출판사는 원고료를 저렴하게 주어야 한다는 인식을 지양하고 좋은 책을 내서 독자들이 오래 찾는 책을 만들겠다는 데 의미를 두어야 한다. 여기에는 출판 사업이 문화 사업이라는 인식이 바탕이 되어야 할 것이다.

마지막 여섯 번째로 독자들도 책을 고를 때 번역자들을 보고 책을 선별하는 의식을 기르는 한편 오역책을 통제할 수 있는 기구를 만들어 독자들이 직접 오역을 신고하는 제도를 두는 것도 오역을 막는 하나의 길이라고 할 수 있겠다.

이상으로 번역문화의 부재로 혼란스러운 지금의 우리나라 번역현실을 개선할 수 있는 해결책을 기술해 보았다.

그러면 이제부터는 번역가로서의 전망과 가능성에 대해서 마지막으로 살펴볼까 한다.

06

번역가의
전망과 가능성

최근 세계화, 정보화 시대에 접어들면서 우리나라에서도 갑자기 번역의 필요성과 그 중요성에 대한 인식이 싹트기 시작했다.

　　요즘 어느 잡지의 앙케이트에 의하면 우리나라 젊은이들의 직업선호도 제1위가 '번역가'라고 한다. 그만큼 번역가는 이 시대에 부응하는 아주 매력적인 직업이 되었다. 그리고 실제로 세계 모든 국가들과 점점 더 교류가 빈번해지고 있는 지금 번역가는 직업으로서 아주 전망이 밝다고 할 수 있다.

　　세계적으로 봤을 때, 번역가에 대한 대우 수준은 다른 나라에 비해 우리나라가 비교적 낮은 편이다. 그러나 번역의 수요에 따른 질의 문제와 함께 차츰 우리나라에서도 번역료에 대한 차별화의 인식이 생기기 시작하고 있고, 실제로 번역가들의 대우는 조금씩이나마 나아지고 있다. 그러므로 이제 번역가들은 자기의 노력에 따라서 얼마든지 번역을 업으로 삼을 수 있다.

　　번역가는 사회적으로도 중요한 위치의 직업이라고 할 수 있다. 그만큼 번역이 이제는 국제교류에서 필수적인 일이기 때문이다. 현재 우리나라 전문번역가들은 주로 프리랜서나 번역회사에 소속해 있거나 하는 형태로 일을 하고 있다. 이외에는 거의 모든 번역가들이 다른 직업을 갖고 있으면서 번역을 부업으로 하고 있어, 실로 전문번역가들의 수는 그리 많지 않은 것이 현실이다. 그러므로 전문번역가들의 양성기관과 체계적인 취업 알선이 시급한 문제이다.

　　이제는 우리나라 정부에서도 전문번역기관을 설립해야 한다는 인식을 하고 있고, 번역에 대한 사회적인 인식도 점점 높아짐에 따라 번역학원 같은 사설교육기관들도 차츰 생겨나고 있다. 때문에 전문번역가가 되고자 하는 사람들이 각 전공 분야별로 학문적으로 꾸준히 번역 실력을 쌓고 어느 정도 실력을 갖추게 된다면, 최근 번역 일의 수요를 보아 안정된 일을 갖게 될 것이 틀림없다. 그러므로 무엇보다도 번역가 지망생은 자기 자신의 노력으로 실제 번역 경험을 통해 꾸준히 실력을 쌓아서 인정을 받는 것이 번역교육시설이 없는 우리나라 실정에서 할 수 있는 최선의 실질적인 방법이라고 하겠다.

▮참고문헌▮

Helene CHUQUET, Michel PAILLATRD. Approche Linguistique des problems.
De traduction, Ophrys, 1989.

Jean-Pierre VINAY, Jean DARBELNET. Stylistique Comparee du francais et De
l'anglais, Didier 1977. (le edition, 1958)

Georges MOUNIN. Les problems theoriques de la traduction. Gallimard, 1963.

Jean-rene ladmiral. Traduire, petite bibliotheque payot.

Nouvelle de la FIT. 1995 N° 14.

Nouvelle de la FIT. 1994 N° 13.

Nouvelle de la FIT. 1993 N° 12.

Nouvelle de la FIT. 1991 N° 10.

Nouvelle de la FIT. 1988 N° 7.

이재호. 「한국에 있어서의 번역: 오역과 대책」.

예술과 비평(계간), 서울 신문사(가을 1986)

번역가 협회발간, 번역가 N° 37

타고르의 시